AJ Sherwood
Ein Geschenk mit Folgen

Über das Buch

Der frischgebackene FBI-Agent Brandon Havili soll seinen Bruder Donovan und dessen Partner Jon drei Wochen lang bei ihren Aufträgen unterstützen und dabei alles von ihnen lernen, was der Anker eines Mediums wissen muss. Was Brandon nur recht ist, denn er liebt seinen Bruder, und Jon scheint ein cooler Typ zu sein.

Doch es gibt ein winziges Problem: Brandon hat versehentlich eine Geister-Mitfahrerin aufgelesen. Im Gegensatz zu Jon, der sich köstlich darüber amüsiert, ist Donovan alles andere als begeistert. Brandon bleibt keine Wahl: Er muss zurück nach Eureka Springs in Arkansas. Dort soll ihm das FBI-Medium Mackenzie Lafayette dabei helfen, die Geisterdame in ihre Welt zu schicken. Aber Mack ist ganz anders, als Brandon sich einen Geisterexperten vorgestellt hat. Bevor er nach Nashville zurückkehrt, möchte er erst mal ein bisschen mehr über das sexy Medium erfahren …

Über die Autorin

AJ steckt voller Ideen. Deshalb arbeitet sie meist an mehreren Projekten und Büchern gleichzeitig. Unter einem weiteren Pseudonym verfasst sie Fantasy-Romane, doch sie wollte unbedingt auch für die LGBTQ+-Gemeinde schreiben. Glücklicherweise war ihre Lektorin sofort damit einverstanden.

In ihrer Freizeit verschlingt AJ Bücher, isst viel zu viel Schokolade und verreist gern. Ihre erste größere Reise führte sie nach Japan, und das hat ihr so gut gefallen, dass sie sich fest vorgenommen hat, so bald wie möglich noch viel mehr von der Welt zu sehen. Bis dahin recherchiert sie weiterhin via Google Earth und schreibt über die Welten in ihrem Kopf.

AJ SHERWOOD

EIN GESCHENK MIT FOLGEN

MACKS GEISTERHAFTE ERSCHEINUNGEN 1

Aus dem Amerikanischen von
Johanna Hofer von Lobenstein

SECONDCHANCES

Hashtags

Donovans eher unromantisches Weihnachten • Ihm gefällt das nicht • Brandon drängt sich vor, der kleine Mistkerl • Keine Ahnung, wie das passieren konnte • Exorzismus • Ungruselige Geister • Geisterjagd • Gesunde Beziehungen • Mack kriegt sehr schnell raus, wie man einen Havili verführt • Bisexualität • Homosexualität • Tolle Mütter • Kann etwas gleichzeitig schmalzig und gruselig sein? • Denn genau das passiert hier

Prolog

Jon

Im Laufe meines Lebens hatte ich schon so einige interessante Geschenke bekommen – was sicher auf die meisten Leute zutrifft. Ich bin ziemlich sicher, dass jeder ein paar gute Geschichten dazu auf Lager hätte. Aber das hier? Das setzte ja wohl allem die Krone auf.

Wie gebannt starrte ich die Schneekugel in meiner Hand an und wusste gar nicht, was ich sagen sollte.

Von außen betrachtet war das Geschenk wirklich schön. Anders als die üblichen kitschigen Schneekugeln hatte diese einen Kristall in der Mitte, den die »Schneeflocken« umspielten. Fuß und Spitze waren aus schimmerndem Holz. Eine wirklich elegante, geschmackvolle Schneekugel.

Das Problem war der Inhalt.

Normalerweise hätte ich versucht, die schenkende Person anzulächeln und es zu überspielen. Damit gab es aber zwei Probleme: Erstens war mein Pokerface völlig unbrauchbar. Zweitens war dieses Geschenk keins, das ich einfach abtun und in irgendeinem Schrank vergessen konnte. Nein, ihr lieben Wichtelmänner, das ging leider nicht. Aber es war außerordentlich ungünstig, jetzt gleich etwas dazu zu sagen.

Wir waren mitten in der Weihnachtsfeier in meiner Wohnung. Alle Havilis (bis auf die Schwester, Sammy, die mit der Familie ihres Verlobten feierte) und alle Banes waren gekommen und quer über unser Wohnzimmer verteilt.

Manche hatten schon etwas tiefer ins Glas mit dem Weihnachtspunsch geschaut. (Keine Ahnung, wer den Punsch aufgepeppt hatte. Ich hatte Brandon im Verdacht, aber es hätte genauso gut auch Natalie gewesen sein können. Man konnte keinem unserer Geschwister über den Weg trauen.) Wir hatten es uns auf Sofas und Sesseln gemütlich gemacht. Skylar saß auf dem Fußboden vor dem geschmückten Baum und spielte den Weihnachtself, der jeden der Anwesenden mit seinen Geschenken versorgte. Da wir so viele waren, hatten wir vorher den Namen der Person, die wir beschenken sollten, gezogen, um die Kosten im Rahmen zu halten. Brandon hatte mich gezogen.

Ich hatte eigentlich gar nicht erwartet, dass er meinen Geschmack treffen würde. Wir kannten uns noch nicht besonders gut, da wir uns bisher kaum gesehen hatten, aber ehrlich gesagt hatte er es gar nicht schlecht gemacht. Es war nur … tja …

Donovan bemerkte mein Zögern natürlich und beugte sich zu mir herunter, um sich die Schneekugel anzuschauen. »Sie gefällt dir wohl nicht?«

»Doch, doch, sie ist wirklich schön«, gab ich beruhigend zurück, aber dann fing ich Brandons besorgten Blick auf. Er war seiner Mutter so ähnlich mit diesen bernsteinfarbenen Augen, dass es schwer war, seinem Blick standzuhalten. Dass er mir genau gegenübersaß, machte die Sache nicht einfacher – ich konnte nicht ausweichen. »Sie ist sogar wunderschön. Die schönste Schneekugel, die ich je gesehen habe, und ich habe auch tatsächlich zu wenig Weihnachtsdekoration. Es ist nur …« Oje. Ich warf Donovan ein bedauerndes Lächeln zu und zuckte innerlich schon zusammen, als ich es laut aussprach: »Es sitzt ein Geist darin.«

Donovan war so schnell aufgesprungen, dass er quasi ein Vakuum hinter sich herzog. Noch bevor ich »Buh« hätte sagen können, hatte er sich hinter dem Küchentresen verschanzt und machte den Eindruck, als würde er am liebsten durch die Hintertür abhauen. Aaron wirkte, als würde er ihm gleich auf dem Fuß folgen, Alani ebenso – aber der Rest der Familie drängte sich um mich, um das Objekt zu begutachten.

»Ich sehe überhaupt nichts außer dem Schnee und dem Kristall«, beschwerte sich Skylar. »Bist du sicher?«

»Oh, ganz sicher.« Mist. Ich war es durchaus gewohnt, mich unbeliebt zu machen und den Augenblick zu verderben. Das war mein Schicksal. Aber das hier war trotzdem eine Premiere.

»Verdammt noch mal, Brandon!«, schimpfte Donovan von seinem relativ sicheren Zufluchtsort in der Küche aus. »Du kannst mir doch keinen Geisterkram ins Haus bringen!«

Brandon wollte das nicht auf sich sitzen lassen. »Alter! Woher hätte ich denn wissen sollen, dass das Geisterkram ist? Es ist ein Mitbringsel. Aus einem Geschenkeladen. Da war doch kein Warnschild dran oder so!«

Wo er recht hatte …

Kanye stellte sich neben Brandon und klopfte ihm auf den Rücken. »Ist schon gut, Junge. Außer Jon oder Lauren hätte das keiner sehen können. Na, das ist ja ein schöner Schlamassel.«

»Moment«, meldete sich meine Mutter, die schon die Ärmel hochschob. Ihr Gesichtsausdruck war jetzt professionell und sachlich. »Lasst mich mal mit ihm reden.«

Dankbar überließ ich ihr die Schneekugel. Mom war darauf spezialisiert, mit Verstorbenen zu kommunizieren. Ohne Leichnam war es zwar schwieriger für sie, Kontakt aufzunehmen, aber sie konnte trotzdem die Aura lesen. Sie war nur schwächer, und das Lesen war eine größere Herausforderung.

Der Unterhaltung konnte ich nicht folgen, denn meine Talente lagen woanders. Aber wir hörten zumindest, was Mom sagte.

»Ich verstehe. Sie sind da hineingeschlüpft, weil es so hübsch war. Das kann ich gut verstehen, es ist wirklich wunderschön. Hmmm? Nein, wir werden Sie nicht zwingen, herauszukommen. Aber würden Sie nicht lieber ins Jenseits übergehen? Nein, meine Liebe, dafür bin ich nicht die Richtige, aber ich bin sicher, wir finden jemanden, der uns behilflich sein kann. Vielleicht wäre dafür noch einmal eine Reise notwendig – ich hoffe, das macht Ihnen nichts aus? Oh.« Mom wandte sich nachdenklich an Brandon. »Du hast die Kugel aus dem Souvenirshop eines Hotels, das an heißen Quellen in Arkansas liegt?«

»Ja, ich hab da einen Zwischenstopp gemacht.« Brandon betrachtete stirnrunzelnd die Schneekugel. »Sie ist in die Schneekugel gegangen, weil sie ihr so gut gefallen hat?«

»Sie ist schon sehr lange tot«, antwortete Mom sanft und mit einem mitfühlenden Lächeln in Richtung Schneekugel. Oder besser gesagt, in Richtung des darin sitzenden Geistes. »Sie kann sich nicht genau erinnern, warum sie dort war, nur dass sie da war, und der wirbelnde Schnee hat ihre Aufmerksamkeit erregt. Sie hat sich nur noch mit Mühe an ihren eigenen Namen erinnert: Emma.«

Na, das wurde ja immer besser. Jetzt runzelte auch ich die Stirn, als ich die Kugel anschaute, denn ich war ja alles Mögliche, aber ein Exorzist sicher nicht. Geister sehen, das konnte ich, und ansatzweise auch ihre Aura lesen. Doch sie hatten keine Meridiane mehr und nur noch ein vages Bewusstsein für ihre eigene Persönlichkeit – ich war auf diesem Gebiet also das am weitesten von einem Experten Entfernte, was sich denken ließ. Was jetzt zu tun war, konnte ich absolut nicht beurteilen.

Meine Mutter wandte sich wieder an Emma (das nahm ich zumindest an) und fragte sanft: »Möchten Sie denn gerne ins Jenseits? Das dachte ich mir. Dann kümmern wir uns darum, das möglich zu machen. Nein, meine Liebe, um Gottes willen. Ich bin keine Exorzistin. Das liegt außerhalb meiner Kompetenzen. Aber glücklicherweise haben wir einen FBI-Agenten hier.«

Alle drehten sich zu Brandon um, und während die meisten Anwesenden nicht wussten, was sie meinte, verstand ich den Zusammenhang. Sie hatte ganz recht. Wir mussten den Dienstweg beschreiten.

Brandon atmete einmal tief durch, als könnte man Geduld einatmen wie Sauerstoff. »Was hat das denn damit zu tun, dass ich FBI-Agent bin? Und darf ich mal kurz daran erinnern, dass ich noch in der Ausbildung bin?«

Das stimmte. Tatsächlich hospitierte er gerade bei Donovan und mir. Brandon sollte uns die nächsten drei Wochen begleiten und die Grundlagen des Ankerseins erlernen. Das FBI war sehr daran interessiert, ihn jemandem als Partner zuzuteilen. Aber natürlich war er noch dabei, sich mit der Arbeit bei der Abteilung für Paranormales des FBI vertraut zu machen.

»Ja, aber du hast trotzdem die Möglichkeit, einen Vorgesetzten zu informieren, wenn etwas passiert«, erinnerte ich ihn. »Du kommst doch später in diese Abteilung.«

Er blinzelte mich an. »Ach. Echt jetzt?«

»Ja.«

»Okay«, warf Aaron geduldig ein. »Mag ja sein, dass er dir folgen kann. Wir anderen dagegen … Könntest du es bitte auch dem Rest der Klasse erklären?«

Ich wandte mich an meinen Schwager. »Ihr wisst ja, dass das FBI eine eigene Abteilung für Paranormales hat. Da sitzt auch die Mehrzahl der übersinnlich Begabten.« Alle nickten. »Okay. Es gibt innerhalb dieser Abteilung eine

Spezialeinheit, die sich mit Spukphänomenen befasst. Da arbeiten teils Geisterseher, teils Exorzisten, und das umreißt auch schon, womit sie sich beschäftigen – Geister und Dämonen. Ich habe erst ein Mal eine von ihnen getroffen, und sie war super. Also wirklich badass. Wenn ich hetero wäre, hätte ich mich Hals über Kopf verliebt. Besonders viele Mitarbeiter hat die Einheit nicht, da das Talent selten vorkommt. Brandon wird gerade dazu ausgebildet, der Anker eines Geistersehers zu werden, weil er die richtigen Fähigkeiten und die richtige Einstellung mitbringt. Über ihn können wir diese Sache am schnellsten und unbürokratischsten erledigen. Marc Gonzalez kann uns bestimmt mit den richtigen Leuten in Kontakt bringen.«

»Sogar zu Weihnachten?«, fragte Alani zweifelnd. Sie wirkte empört darüber, dass ich überhaupt in Erwägung zog, an den Feiertagen zu arbeiten.

»Mom, dieses Ding bleibt nicht in unserem Haus«, warf Donovan entschieden ein.

Wenn wir das versuchen würden, wäre ein Herzinfarkt vorprogrammiert. Er hatte ernsthafte Probleme mit allem Okkulten und erschreckte sich so leicht wie ein Karnickel.

»Ich kann sie heute mit zu mir nehmen, bis wir das alles organisiert haben«, schlug meine Mutter mit einem mitfühlenden Lächeln zu Donovan vor. »Das ist sowieso besser. Ich bin schließlich die Einzige, die mit ihr kommunizieren kann.«

Ich warf ihr einen dankbaren und erleichterten Blick zu, und sie zwinkerte zurück. Meine Mutter steckte mitten im Scheidungsprozess und war noch nicht wieder ganz sie selbst. Trotzdem ging es ihr besser als seit Jahren. Sich von Rodgers Fesseln zu befreien, hatte ihr unglaublich gutgetan. Es war ihr anzumerken, dass ihre Bindung zu Alani immer enger wurde, und das ließ mich hoffen. Ich würde schweigen wie ein Grab, bevor eine der beiden Frauen einen Vorstoß machte – aber wenn das, was ich auf ihren Energiebahnen erkennen konnte, sich bewahrheitete, würden wir früher oder später zwei weitere Familienmitglieder sehen, die verankert waren.

Mein Lover ließ den Dienstweg gleich ganz außer Acht. Er war schon am Telefon und sprach mit Gonzalez. Ich konnte ihn in der Küche klar und deutlich verstehen: »Hey, Mann. Tut mir leid, dass ich über die Feiertage anrufe. Hmmm? Nein, meinem Bruder geht's gut. Er hat nur etwas mitgebracht, wovon er wirklich lieber die Finger hätte lassen sollen. Eine Schneekugel mit Geist darin. Nein, ich mache keine Witze. Ernsthaft. In der Schneekugel spukt's. Wirklich nett, dass Sie das lustig finden. Lauren ist hier – kennen Sie Jons Mutter? Ja, okay, dann verstehen Sie ja, was ich meine. Sie hat also mit dem Geist gesprochen, und der Geist wünscht sich Unterstützung beim Übergang ins Jenseits. Aber das Problem ist, dass es hier in der Gegend keine Geisterseher gibt.« Er erhob die Stimme und fragte: »Brandon, wo ist die heiße Quelle, wo du das Ding herhast?«

»Eureka Springs.«

»Eureka Springs in Arkansas«, wiederholte Donovan für Gonzalez. Er hörte kurz aufmerksam zu und runzelte die Stirn. »Sind Sie sicher? Ich meine, es wäre super, wenn das der Fall wäre. Moment, ich stelle Sie mal kurz auf Lautsprecher, damit alle mithören können.«

Ich nahm das als Hinweis und ging mit Brandon zu ihm in die Küche, wo wir uns im Kreis um das Handy in seiner Hand aufstellten, ich im sicheren Abstand von einem halben Meter.

»Können wir?«, fragte Gonzalez mit seiner Baritonstimme klar und deutlich – er hatte wohl noch nicht allzu viel flüssige Weihnachtsstimmung zu sich genommen. Oder er war einer von denen, denen der Alkohol nicht die Zunge lähmte.

»Wir können. Sprechen Sie«, sagte Donovan ermunternd.

»Die Sache ist die: Ich habe mir den Online-Terminplan unserer Exorzisten angesehen, und wir bekommen jetzt auf gar keinen Fall jemanden. Alle sind entweder im Urlaub oder etwas richtig Üblem auf der Spur. Aber wir haben einen ehemaligen Agenten in Arkansas. Er ist im Ruhestand, bildet aber gerade einen jungen Typ aus. Er sitzt in Eureka Springs.«

Brandon pfiff leise durch die Zähne. »Na, wenn das kein interessanter Zufall ist.«

»Das hat überhaupt nichts mit Zufall zu tun, Havili. Sie haben sich in einer von Geistern geradezu überlaufenen Stadt aufgehalten. Geisterseher leben und arbeiten nun mal an genau solchen Orten. Ich rufe mal an und frage, ob er Ihnen helfen kann.«

Ich schaute die beiden Männer rechts und links von mir an, denen die Erleichterung geradezu ins Gesicht geschrieben stand. »Das wäre wirklich hilfreich, Marc, danke. Meine Mutter hat angeboten, den Geist fürs Erste zu sich zu nehmen.«

»Das fällt mehr in ihren Bereich als in Ihren eigenen, nehmen Sie es mir nicht übel – es erleichtert mich also, das zu hören.«

»Und mich erst«, antwortete ich trocken. Meinen Partner sah ich dabei bewusst nicht an.

»Ich rufe in Eureka Springs an. Wenn der Agent zusagt, könnten Sie nach den Feiertagen dorthin fahren? Ich möchte ungern den alten Herrn bitten, sich auf die Straße zu begeben. Er arbeitet nur noch in beratender Funktion. Ich kann nicht verlangen, dass er zu Ihnen kommt.«

»Wir bringen das Ding zu ihm, keine Sorge«, bestätigte Donovan.

»Das ist dann hiermit eine FBI-Angelegenheit, Teil von Brandons Ausbildung, also sind die Spesen abgedeckt. Und es ist ja auch nicht falsch. Na, Sie Grünschnabel – was haben Sie sich dabei gedacht, spukende Ware zu kaufen, hm?«, fragte Gonzalez scherzhaft.

Brandon antwortete gutmütig: »Ach, lassen Sie's stecken. Woher hätte ich das denn wissen sollen? Ich bin nicht der übersinnlich Begabte in der Familie. Äh, Sir.«

Gonzalez lachte leise. »Ich melde mich wieder, wenn ich ihn erreicht habe.«

Er beendete das Gespräch, und Donovan sagte aus tiefstem Herzen: »Ich liebe diesen Mann.«

»Weiß sein Mann das?« Grinsend wich ich Donovans Finger aus, bevor er mir damit zwischen die Rippen piksen konnte. Es machte so viel Spaß, ihn aufzuziehen.

»Seht es doch mal so: Wir können in einer heißen Quelle rumliegen und werden auch noch dafür bezahlt«, warf Brandon ein. »Es wird euch gefallen. Es ist ein riesiges, altes Hotel, Ende des 19. Jahrhunderts gebaut. Ist wirklich schön da.«

Sein Bruder blickte ihn voller Bedenken an. »Und wo war der Souvenirshop, in dem du die Schneekugel gekauft hast?«

Brandon lächelte verlegen. »Im Hotel.«

»Das reicht. Ich gehe in kein verdammtes Spukhotel.«

Beruhigend rieb ich mit der Hand in kleinen Kreisen über Donovans Rücken. »Das ist kein Problem. Wir nehmen einfach ein anderes Hotel. Wir müssen ja nicht unbedingt am gleichen Ort wohnen.«

Brandon öffnete den Mund, dann schloss er ihn wieder, während er seinen Bruder schräg von der Seite ansah. Auf seinen Energiebahnen blitzten Belustigung und leichtes Mitgefühl auf. »Ich weiß ja nicht, ob ich das laut aussprechen sollte, aber Gonzalez hat nicht übertrieben. Ich bin nicht zuletzt deswegen dorthin in Urlaub gefahren, weil die Stadt berühmt dafür ist, dass es da überall spukt.«

Donovan sank mit einem Stöhnen in sich zusammen. »Was zum Teufel wolltest du in einer Stadt, in der es spukt?!«

»Hey, ich dachte, es wird bestimmt cool. Ich mag Geistergeschichten. Das weißt du doch.«

»Wie kann ich nur mit dir verwandt sein?«

»Das frage ich mich auch schon die ganze Zeit, du Schisshase. Wovor hast du überhaupt Angst? Jon wird dich schon beschützen.«

Äh, Jon würde gar niemanden beschützen. Ein Exorzist war ich noch nie gewesen. Alles, was ich tun konnte, war, Geister zu sehen und Bescheid zu geben, wenn man rennen musste. Ob ich das laut aussprach? Natürlich nicht. Donovan war auch so schon nervös genug. Die Kunst des Erwachsenseins bestand manchmal darin, zu wissen, wann man besser den Mund hielt.

Donovan verdrehte seine großen braunen Augen und bat dann: »Sagt bitte Garrett nichts davon, bis wir alles hinter uns haben.«

Ich lachte, als mir klar wurde, was er meinte. »Du hast Angst, dass er sich einklinken würde?«

»Zu Recht«, warf Brandon feixend ein. »Er würde Don keine Sekunde in Ruhe lassen. Hat er dir schon erzählt, wie wir Don mal in ein Spukhaus mitgeschleift haben?«

Wie der Blitz packte Donovan seinen Bruder im Genick und nahm ihn in den Schwitzkasten. »Wir reden nicht von dem Spukhaus! Gott, was ist nur los mit euch beiden?«

Brandon schlang die kräftigen Arme um seinen Bruder und hob ihn mit Leichtigkeit hoch, ohne auch nur auf die Zehenspitzen zu gehen. Donovan ächzte, und schon hatte der Ringkampf begonnen.

Da ich ein vernünftiger Mensch bin, sprang ich gleich aus der Küche und überließ die beiden ihrem Schicksal. Nach drei Tagen in Brandons Anwesenheit verstand ich die Feinheiten der Geschwisterdynamik bei den Havilis schon besser.

Auseinandersetzungen wurden mit Ringkämpfen beigelegt. Ich hielt mich an Kanye, der in diesem Sturm der Ruhepol zu sein schien, und setzte mich neben ihn auf die Couch. »Nur so aus Neugierde: Wie viele Einrichtungsgegenstände mussten ersetzt werden, als die beiden noch jünger waren?«

»Oh, so viel war das gar nicht.« Er grinste mich verschmitzt an, halb nostalgisch, halb selbstzufrieden, hundert Prozent Papa. »Sie mussten nämlich alles reparieren, was sie kaputt gemacht haben.«

Darüber dachte ich eine volle Sekunde lang nach. »Jetzt verstehe ich, warum Donovan so geschickt mit den Händen ist.«

»Es könnte was damit zu tun haben«, antwortete Kanye mit leisem Lachen, während er seine Söhne über den Tresen hinweg beim Raufen beobachtete. »Außerdem haben sie gelernt, auf zerbrechliche Sachen aufzupassen. Ich vermute mal, das war das viele Training.«

Absolut. Das Training hatte sicherlich dafür gesorgt, dass Lampen und Sofas unversehrt blieben. Bösewichte bekamen trotzdem was auf die Mütze.

Alle anderen waren damit beschäftigt, sich die Vorstellung der beiden anzusehen, Geschenke auszupacken oder den Punsch mit Schuss zu trinken. Dadurch tat sich ein kleines, privates Fenster auf, wie Kanye und ich nur selten eins hatten. Normalerweise war die ganze Familie um uns herum, wenn wir uns trafen – genau wie jetzt. Ich hatte das Gefühl, dass es ein günstiger Moment war, und beugte mich zu ihm. Dann sagte ich in vertraulichem Ton: »Er macht sich gut.«

Der Ausdruck in Kanyes goldbraunen Augen wurde wachsam.

Darum erklärte ich etwas ausführlicher: »Brandon macht seine Sache gut. Er arbeitet sich noch ein, aber das wird – er wird nicht mehr lange brauchen.«

Kanye tätschelte mit seiner großen Pranke mein Knie und lächelte mich erfreut an. »Danke, Jon.«

»Jederzeit.« Mehr konnte ich nicht preisgeben, ohne die feine Grenze der Vertraulichkeit zu überschreiten. Ich sah eine Menge Dinge in Brandon, über die er nie gesprochen hatte, und ich war ehrlich gesagt nicht sicher, was davon er seiner Familie schon erzählt hatte. Alani wusste, dass er bei der SWAT-Einheit nicht glücklich gewesen war und dass etwas vorgefallen war, das ihn dazu gebracht hatte, dort aufzuhören. Sie hatte aber nie erwähnt, was es gewesen war. Jetzt war sie erleichtert, dass er einen anderen Weg eingeschlagen hatte und Spaß an seiner neuen Arbeit hatte – mehr musste sie nicht wissen. Jedenfalls, bis ihr Sohn sich entschloss, sie einzuweihen.

Es war interessant, zu beobachten, dass die Bahnen seiner Sexualität mit denen, die zur Arbeit gehörten, verflochten waren. Wie das zusammenhing, verstand ich noch nicht genau, aber es war klar, dass etwas passiert war. Brandon war im Moment selbst nicht im Reinen mit seiner Sexualität. Es war nicht an mir, seinen Angehörigen zu erzählen, dass er vor Kurzem erkannt hatte, dass er bisexuell war, und dass er Probleme damit hatte. Dass er sich nicht mehr ganz wohl in seiner Haut fühlte. Es wäre einfach nicht richtig gewesen. Brandon würde mit seiner Familie darüber sprechen, wenn er so weit war. Das war jedermanns gutes Recht, niemand sollte dazu gedrängt werden.

Seine Eltern mochten vielleicht spüren, dass mit ihm etwas nicht stimmte, aber es war Brandons Angelegenheit, sich ihnen anzuvertrauen. Bis auf diese kleine Rückmeldung würde ich mich da raushalten.

KAPITEL 1

MACK

Ich sah von meiner Cornflakes-Schüssel auf und blinzelte meinen Mentor an, sicher, dass ich mich verhört haben musste. »Wie bitte? Hast du gerade gesagt, wir bekommen Besuch von einem Medium?«

»Du hast richtig gehört.« Beau räusperte sich und griff nach seinem Kaffee. Ich versuchte ständig, ihm klarzumachen, dass er mehr Wasser brauchte und nicht nur von Kaffee leben konnte, aber mit seinen paarundsechzig war er nun mal ziemlich unbelehrbar. Beau war früher Geisterseher beim FBI gewesen – Geisterbändiger nannte man diese Sorte Begabte dort anscheinend. Als ich getestet worden und klar geworden war, dass ich ein Seher war, hatte meine Mutter ihn angerufen und gefragt, ob er bereit wäre, mein Mentor zu werden. Beau war so etwas wie mein Cousin zweiten oder dritten Grades – er gehörte jedenfalls irgendwie zur Familie. Er hatte gesagt: »Na klar, schick den Jungen hier hoch.«

Drei Monate später war ich immer noch hier, in Arkansas, und lernte den Job von der Pike auf, was mir großen Spaß machte. In dieser Stadt spukte es gehörig, also hatte ich jede Menge Gelegenheit zum Üben. Im Gegensatz zu dem, was mir immer suggeriert worden war, exorzierten Geisterseher nicht alle Geister, die ihnen über den Weg liefen. Wenn die Geister keinem etwas zuleide taten und sich bloß noch nicht ins Jenseits begeben wollten, war es in Ordnung, sie einfach in Ruhe zu lassen.

Und sie hatten faszinierende Geschichten zu erzählen.

Während der Ausbildung wohnte ich bei Beau, in einem grauen viktorianischen Haus, das er liebevoll restauriert hatte. Ich mochte es sehr, ganz im Gegensatz zu dem Mann, der es ursprünglich gebaut hatte. Er war ein Pfuscher und Scharlatan gewesen, aber das Haus war toll. Ich hatte es nicht eilig, wieder von hier zu verschwinden. Es war so viel einfacher, durchs Leben zu gehen, wenn jemand mir den Rücken stärkte. Hier konnte ich frei atmen.

Ich lenkte meine Aufmerksamkeit wieder auf Beau. »Warum kommt denn ein Medium hierher? Ich dachte, die können keine Geister sehen.«

»Einige wenige können es schon. Aber es ist selten, das stimmt. Es ist eine ziemlich lustige Geschichte. Der Kerl hat einen Geist zu Weihnachten gekriegt.«

Wieder blinzelte ich. Hatte ich richtig gehört? »Wie bitte?!«

Beau lachte leise, und das Geräusch rasselte in seiner Brust. Seine dunkelbraunen Augen blitzten vergnügt, also musste die Geschichte wirklich gut sein. »Ein Freund von ihm hat hier Urlaub gemacht, hat eine Schneekugel als Mitbringsel gekauft und sie dem Medium zu Weihnachten geschenkt. Hatte keine Ahnung, dass ein Geist darin war. Das Medium hat es anscheinend locker genommen, hat einen Freund beim FBI angerufen und es gemeldet. Sie haben sich bereit erklärt, das Ding hierherzubringen und uns dabei zu unterstützen, dem Geist ins Jenseits zu helfen, denn der Geist hat um Hilfe gebeten.«

Oh? Das war neu für mich. Normalerweise musste man sie dazu überreden. »Wow. Okay, das muss das erste Mal sein, oder?«

»Hab jedenfalls noch nie etwas Derartiges gehört. Ein paar Sachen weiß ich schon: Das Medium ist Jonathan

Bane, und er läuft auf Hochtouren. Lass ihn also nicht in die Nähe elektronischer Geräte, denn er wird sie in null Komma nichts durchbrennen lassen.«

Ich nickte. Nicht alle Medien waren in der Lage, sich ausreichend abzuschirmen. Ich war sehr froh, dass ich mir als Geisterseher um diesen Kram keine Sorgen machen musste.

»Er hat einen Anker, Donovan Havili. Außerdem kommt noch ein Junior mit, nämlich der Bruder des Ankers, der hat ihm auch den Geist geschenkt. Brandon Havili. Er wird gerade als Anker angelernt. Genau genommen ist er beim FBI, aber noch in Ausbildung.«

»Verstehe. Ich muss also auch auf sie ein Auge haben.«

»Genau. Sie sind nicht an Geister gewöhnt. Jedenfalls kommen sie morgen hier an.«

Das verkürzte den Weihnachtsurlaub zwar etwas, aber das störte mich nicht. Geisterbändigen war für mich eigentlich keine Arbeit. Ich hatte den Großteil meiner Kindheit damit verbracht, mich durch eine Welt zu bewegen, die nur ich sehen konnte und die niemand außer mir verstand. Ich hatte es alles andere als leicht gehabt und dabei immer wieder was auf den Deckel gekriegt – eine harte Schule. Dass ich jetzt als Erwachsener der Welt standhalten konnte, eine Ausbildung bekam und einen Mentor an meiner Seite hatte, das war für mich wie Ferien.

Beau goss sich Kaffee nach und setzte sich wieder an den Tisch. Er hatte diesen Gesichtsausdruck, der verhieß, dass er mir gleich etwas Ernstes mitteilen würde. »Mack.«

Ich hörte auf zu essen und sah ihn an. »Ja?«

»Ich will ganz ehrlich sein, Kleiner. Du bist gut. Du hast die Intuition, du hast das Talent, und es gibt nicht mehr viel, was ich dir beibringen könnte.«

Das war unerwartet. Nie hätte ich mit diesen Worten gerechnet. Jedenfalls noch nicht jetzt. »Moment, Moment.

Ich dachte, die Ausbildung dauert sechs Monate oder sogar ein ganzes Jahr?«

»Normalerweise schon. Aber du bist sehr spät zu mir gekommen, du hattest dir einiges schon selbst beigebracht. Und du lernst schnell. Wir sagen sechs Monate bis ein Jahr, weil das Lerntempo bei diesen Dingen von Person zu Person unterschiedlich ist. Manche sind schneller, andere brauchen mehr Zeit. Du gehörst eben zur ersten Kategorie.« Beau zeigte mir ein stolzes Lächeln, das ich nicht oft zu sehen bekam. Er war zwar nicht ausgesprochen mürrisch, aber meistens ziemlich verschlossen. »Ich mein's ernst, Mack. Ich bin kurz davor, dich ziehen zu lassen. Du machst jetzt noch diesen letzten Job, arbeitest mit dem Medium zusammen, und dann unterschreibe ich deine Papiere.«

Das kam so völlig aus heiterem Himmel, dass ich keine Antwort darauf hatte. War ich froh darüber? Schon. Aber erleichtert war ich nicht. Es bedeutete, dass ich wieder auf mich allein gestellt sein würde, und das war eine beunruhigende Vorstellung. »Aber brauche ich nicht einen Anker oder einen Partner oder so?«

»Natürlich. Absolut. Das FBI hat schon einige Kandidaten. Du wirst nacheinander mit ihnen arbeiten, um zu schauen, ob einer davon gut zu dir passen würde. Wenn nicht, suchen wir woanders weiter. Ich lasse dich nicht im Regen stehen, Kleiner.«

Jetzt fühlte ich mich schon viel besser. »Gut. Okay, danke.«

Beaus Frau und Anker kam herein, die Haare noch auf Lockenwickler gedreht. Sie schwenkte ein Handy, als hätte sie vor, es Beau einmal über den Hinterkopf zu ziehen. »Verflucht noch mal, Mann, wann lernst du endlich, dein Telefon einzustecken? Es hat sich dumm und dusselig geklingelt!«

Beau blieb entspannt, er drehte sich nicht einmal um. (Keine kluge Entscheidung, meiner Meinung nach: Han-

22

nah sah immer noch so aus, als wäre sie kurz davor, ihn zu hauen.) »Aber du gehst doch immer für mich dran. Ich mache mir keine Sorgen. Wer war es denn jetzt schon wieder?«

»Eine Gruppe von Geisterjägern. Sie wollen eine Exkursion machen und das Crescent Hotel untersuchen.«

»Was hat das denn mit uns zu tun?«, fragte ich neugierig.

Hannah warf das Handy auf den Tisch und stibitzte einen Schluck Kaffee aus der Tasse ihres Mannes. »Sie wollen einen Geisterseher mit auf die Pirsch nehmen. Davon versprechen sie sich, dass sie beweisen können, dass es Geister wirklich gibt und dass Geisterseher sie wirklich sehen können.«

Da ich den Großteil meines Lebens über damit zu kämpfen gehabt hatte, dass die Gesellschaft meine Fähigkeiten anzweifelte, fand ich die Idee großartig. Schon seltsam: Die Menschen glaubten an Götter, Engel und Wunder, aber Geister? Nein, das ging ihnen zu weit. Es gab eben Leute, die daran glaubten, und solche, die es nicht taten. Und was das Glauben betraf, waren die Menschen schwer zu überzeugen. Wenn ich irgendwo erzählte, dass ich Geisterseher war, sogar mit FBI-Dienstmarke, erlebte ich eine von zwei Reaktionen: Entweder wurde ich als Scharlatan verspottet, oder man begegnete mir mit Ehrfurcht.

Wenn diese Leute ihre Erkenntnisse aufnehmen und publizieren wollten, war ich gerne bereit, zu helfen.

Beau hatte da natürlich eine ganz andere Einstellung. Er funkelte Hannah an. »Du hast zugesagt, oder?«

»Aber sicher. Es ist gute PR. Und du solltest selbst an dein Handy gehen«, flötete sie übertrieben süß.

Ich mischte mich ein, bevor sie anfangen konnten, ernsthaft zu streiten, oder Beau zurückrief und alles wieder abblies. »Ich kann es machen.«

Beide sahen mich an. Hannah neugierig, Beau empört. »Aber Mack, wieso solltest du?«

»Wenn sie versuchen, die Existenz von Geistern und die Fähigkeiten von Geistersehern nachzuweisen, bin ich total dafür. Außerdem klingt es nach Spaß.«

Beaus Schnauben ließ keinen Zweifel daran zu, was er davon hielt. »Du bist ja verrückt. Aber meinetwegen. Du kannst es übernehmen. Hannah, wann kommen diese Leute denn?«

»In zwei Tagen.«

Oha. »Äh … morgen kommt auch schon ein Medium mit einem Geisterproblem. Das könnte etwas knapp sein, wenn die sich überschneiden.«

»Nein, es könnte sogar von Vorteil sein«, gab Hannah zurück. »Dann können sie auch gleich dokumentieren, wie ein Geist ins Jenseits übertritt.«

»Wenn das Medium und sein Partner einverstanden sind.« Beau starrte wieder seine Frau an, als würde sie sein Leben absichtlich komplizierter machen. (Was wahrscheinlich auch der Fall war.)

»Ich kann ja mal nachfragen.« Das machte mir nichts aus. Besser vorher fragen und den Leuten Zeit geben, ihre Pläne anzupassen, bevor sie losfuhren. Ich wollte ungern davon ausgehen, dass sie einverstanden waren, nur um dann später Schwierigkeiten zu bekommen. Konfrontationen waren mir ehrlich gesagt ein Graus, und ich ging ihnen aus dem Weg, wann immer es möglich war. »Hast du die Nummer des Mediums? Oder besser die von seinem Anker, wenn er mit der Technologie auf Kriegsfuß steht.«

»Ich habe die des Ankers und die des FBI-Juniors. Bei dem würde ich anfangen, denn offiziell ist er es, mit dem wir zusammenarbeiten.«

Das klang plausibel. Beau gab mir die Nummer, und ich tippte sie ins Handy ein. Dann räusperte ich mich, bemüht, nicht so zu klingen, als säße ich hier noch nicht ganz wach und im Pyjama. Es klingelte dreimal, dann meldete er sich: »Havili.«

Wow. Diese Stimme! Ob er in seinem früheren Leben so etwas wie ein Berggott gewesen war? Ich konnte mich nicht erinnern, jemals vorher eine so tiefe Stimme gehört zu haben. Mich überlief förmlich ein Schauer. »Hi, hier spricht Mackenzie Lafayette. Ich bin Geisterseher beim FBI.«

»Oh, hey, nett, dass Sie anrufen. Ich wollte mich auch bei Ihnen melden, bevor wir hier losfahren. Brandon Havili.«

Na, das klang ja freundlich. Gott sei Dank. Freundliche Menschen waren mir immer lieber. »Ja, ich freue mich auch, dass wir kurz sprechen. Haben Sie gerade Zeit?«

»Ja, klar. Wir wollen morgen früh losfahren, dann wären wir nachmittags da. Ich buche Zimmer im Crescent, denn da habe ich auch versehentlich die Geister-Tramperin aufgegabelt.«

Gut zu wissen. »Und da sind Sie auch ganz sicher?«

»Ja. Ich hab die Schneekugel im Souvenirshop des Hotels gekauft, es steht also zweifelsfrei fest.«

»Super. Das wäre meine erste Frage gewesen. Es ist immer hilfreich, wenn wir eingrenzen können, wo sie gestorben sind. Hören Sie, der andere Grund, warum ich anrufe … Ich wollte Ihnen einen Vorschlag machen.«

»Na, das klingt ja überhaupt nicht ominös«, scherzte er.

Diesen Kerl würde ich ganz sicher mögen. Er klang, als könnte man mit ihm Quatsch machen. »Oh, keine Sorge, es kostet nur Ihren Erstgeborenen. Aber jetzt mal im Ernst. Wir haben eine Anfrage reinbekommen. Eine Geisterjäger-Truppe will mit uns losziehen und Eureka Springs unsicher machen. Sie wollen nachweisen, dass es hier spukt und dass Geisterseher keine Betrüger sind.«

»Hmmm. Habt ihr ernsthaft immer noch Probleme mit Leuten, die so denken?«

»Mehr, als mir lieb ist. Für mich wäre es in Ordnung, mit ihnen zusammenzuarbeiten, aber es würde sich mit Ihrer Ankunft überschneiden. Die wollen am 27. hier sein. Wenn

Sie etwas dagegen haben, die Gruppe dabeizuhaben, würde ich es gerne jetzt wissen, dann kann ich das verschieben.«

»Also, ich persönlich finde, eine Geisterjagd klingt total nach Spaß. Aber ich rede mal mit den anderen beiden und frage nach. Bleiben Sie einen Moment dran? Ich schreibe meinem Bruder und Jon eine Nachricht.«

»Sicher.« Ich ließ das Handy einen Moment sinken und hielt das Mikro zu, während ich wartete. Zu Hannah und Beau sagte ich: »Scheint ein netter Typ zu sein. Man hat das Gefühl, man redet mit James Earl Jones, so tief ist seine Stimme. Wenn ich einen Stimmenfetisch hätte, würde ich jetzt Probleme bekommen.«

Hannah lachte und fing an, sich Frühstück zu machen. Beau verdrehte nur die Augen. Dass ich schwul war, hatte mein Mentor gelassen aufgenommen – zum Glück, denn das taten nicht alle Leute. Hannah war es völlig egal, sie hatte mich nur ermahnt, an Safer Sex zu denken, wenn ich mit jemandem was hatte. Was allerdings einigermaßen unnötig war. Ich war halbwegs attraktiv und auch nicht hässlich. Mein Gesicht war ganz okay. Aber eben nichts Besonderes. Braune Haare und braune Augen, ziemlicher Durchschnitt. Wegen meiner Lebensmittelallergien war ich immer ein bisschen aufgebläht. Ein Sixpack hatte ich nun mal nicht. Obwohl ich eigentlich relativ fit war, sah man es mir leider nicht an. Ich kam einfach nicht rüber wie ein Player. Warum ich mich also wie einer verhalten sollte, war mir ein echtes Rätsel.

Das Handy machte ein seltsames Wischgeräusch, dann war Brandon wieder am Apparat. »Hey, sind Sie noch dran?«

»Ich bin hier.«

»Jon ist meiner Meinung – er findet, es hört sich nach einer spaßigen Sache an. Er ist das Medium. Richtig sehen kann er Geister nicht, er nimmt eher nur eine schwache

Aura wahr. Mein Bruder ist strikt dagegen, aber er hat auch kein Problem damit, auf dem Zimmer zu bleiben, wenn wir spielen gehen. Also, soll heißen, es ist okay für uns. Wollen Sie den Geist, den wir mitbringen, auch als Beweis nutzen?«

»Darauf hatte ich gehofft.« Ich konnte mir das Grinsen nicht verkneifen. »Wenn Sie einverstanden sind?«

»Ja, so was haben wir uns gedacht. Wir haben nichts dagegen. Sollen wir vielleicht einen Tag später kommen und am 27. anreisen, sodass wir alle am gleichen Tag da sind?«

»Das wäre natürlich am besten. Ich sage den Geisterjägern noch Bescheid.«

»Okay, wir sehen uns also am 27. Ich freue mich darauf, Sie persönlich kennenzulernen.«

Meine Antwort war ehrlich. »Ja, gleichfalls. Gute Fahrt dann.«

Kapitel 2

BRANDON

Zwei Tage nach Weihnachten waren wir also unterwegs nach Arkansas. Ich freute mich ehrlich auf den Ausflug, denn – ich meine, Geister! Heiße Quellen! Was konnte da schiefgehen? Mir tat es nur ein bisschen leid für meinen Bruder, denn er hasste alles Okkulte aus tiefster Seele. Wenn das nicht paradox war mit einem Medium als Lover. Insgeheim freute ich mich ein ganz kleines bisschen diebisch darauf, ihm Angst einzujagen. Was sich liebt, das neckt sich – das war immer mein Motto. Und ich fand es sehr witzig, dass Donovan sich für seinen kleinen blonden Schatz sogar den Geistern stellte.

Donovan mit Jon zu erleben, hatte mir die Augen geöffnet. Es war das erste Mal, dass ich Don verliebt sah, das war also neu. Und wirklich supersüß. Wenn er ein Hund gewesen wäre, hätte er jedes Mal mit dem Schwanz gewedelt, wenn er Jon zu Gesicht bekam. Ich wartete nur darauf, dass er sich auf den Rücken legte, um am Bauch gekrault zu werden.

Aber das war nicht das, was mir die Augen geöffnet hatte. Wie mühelos sie sich ergänzten, hatte etwas in mir ausgelöst. Natürlich lag das teilweise an Jons Fähigkeiten. Er konnte eine ganze Menge von Don wahrnehmen, also war es nur zu verständlich, dass es für ihn einfach war. Aber Don fiel es genauso leicht, Jon zu lesen. Um zu erkennen, was der andere gleich machen oder brauchen würde, mussten sie sich nur kurz anschauen. Meine Eltern hatten auch eine gute, liebevolle Beziehung – aber Don und Jon stellten selbst sie in den Schatten. Die beiden waren meist wie eine Einheit.

Man konnte ernsthaft neidisch werden, wenn man sie so sah.

Ich saß auf der Rückbank des Humvees – ein tolles Fahrzeug! Jon war am Steuer, und Don dirigierte ihn. Jon nahm die Hand meines Bruders und verflocht ihre Finger miteinander, dann hob er sie an die Lippen und küsste Donovans Handrücken. Don wandte den Kopf zu ihm und lächelte ihn an, einen ganz weichen Ausdruck auf dem Gesicht. Er strahlte förmlich vor Glück. Jon ließ ihre verschränkten Hände sinken und legte sie in seinen Schoß.

Wenn diese beiden noch süßer wurden, würde ich noch zum Zahnarzt müssen.

Offen gestanden war ich in Jons Gegenwart nicht ganz entspannt. Ich hatte schon gehört, was er alles sehen konnte, und im Moment gab es einiges, worüber ich nicht so gerne reden wollte. Einiges, wovon ich nicht wollte, dass andere es wussten, bis ich es mit mir selbst ausgemacht hatte. Es war mir unangenehm, dass Jon das alles mit einem Blick erfassen konnte. Aber er hatte mich nur kurz angeschaut, einmal geblinzelt und mir dann ermutigend zugenickt. Ein stummes Versprechen, alles, was er sah, für sich zu behalten. Und das hatte er auch getan.

Don hatte eine gute Wahl getroffen.

Am Fenster zogen die Bäume und der Highway vorbei, während wir in Richtung Westen fuhren. Ich nahm aber kaum etwas wahr, denn in Gedanken war ich in der Vergangenheit. Vor acht Monaten hatte ich mich zum ersten Mal in meinem Leben zu einem Mann hingezogen gefühlt. Zu sagen, dass es ein Schock gewesen war, wäre noch untertrieben gewesen. 32 Jahre alt und plötzlich nicht mehr so straight, wie ich immer gedacht hatte? Ich war völlig überfordert gewesen von dieser Erkenntnis. Nicht wegen meiner Familie. Don war seit Jahrzehnten schon offen bisexuell und war immer akzeptiert worden. Und wir alle mochten Jon. Meine Eltern liebten ihn abgöttisch. Ich war also nicht besorgt darum, wie sie es aufnehmen würden, dass ich nun doch nicht hetero war.

Es war einfach nur komisch, zu erkennen, dass ich schon immer so gewesen war.

Mein Fehler war gewesen, mich mit einem Kollegen zu betrinken und alles auszuplaudern. Er hatte es nicht gut aufgenommen. Schlimmer noch, er hatte es überall herumerzählt. Von einem Tag auf den anderen hatte es von den einen plötzlich schiefe Blicke gegeben, und andere hatten sich an meiner Stelle über die aufgeregt, die mich schräg ansahen. Auf einmal hatten alle Kollegen eine Meinung dazu gehabt, und der Job war zum Kriegsgebiet geworden. Ich hatte es plötzlich gehasst, zur Arbeit zu gehen.

Als das offizielle Angebot vom FBI gekommen war, hatte ich keine Sekunde gezögert, und seither hatte ich nicht ein Mal zurückgeblickt. Ich hätte alles getan, um diese höllische Situation hinter mir zu lassen. Bei meiner persönlichen Erkenntnis half es mir natürlich nicht. War ich bisexuell? Konnte man das so sagen? Schließlich hatte ich nur einen einzigen Mann scharf gefunden. War ich vielleicht etwas ganz anderes? In meinem Alter sollte man verdammt noch mal nicht so verwirrt sein.

Wir hielten an einer Raststätte, um zur Toilette zu gehen und uns die Beine zu vertreten. Jon kam zur gleichen Zeit wie ich wieder heraus, aber wir stiegen nicht sofort ins Auto. Stattdessen spazierten wir den kurzen Bürgersteig entlang bis zur Rasenfläche und genossen es, zu stehen. Die Landschaft sah malerisch aus mit dem dichten Wald, der von einer dünnen Schicht Eis bedeckt war. Geschneit hatte es noch nicht, aber das Eis gab dem Ganzen eine winterliche Atmosphäre. Unser Atem bildete kleine weiße Wolken in der kalten Luft.

»Vielleicht ist es besser, wenn du darüber sprichst und es nicht zu lange in dich reinfrisst«, sagte Jon plötzlich.

Ich blickte ihn scharf an. »Ich dachte, du bist kein Telepath.«

Jon schnaubte kurz, und in seinen Augen blitzte Belustigung auf. »Das brauche ich gar nicht zu sein. Ich erkenne sogar vom Vordersitz aus, wie sich in deinem Kopf die Zahnrädchen drehen.«

Komischerweise hatte ich das Gefühl, mich ihm anvertrauen zu können, obwohl wir uns noch nicht besonders gut kannten. Er hatte diese Ausstrahlung, die mir sagte, dass ich ihm alles erzählen konnte, ohne bewertet oder verurteilt zu werden. Vielleicht lag es daran, dass er mein Vertrauen nicht missbraucht hatte, ohne dass ich ihn darum hatte bitten müssen. »Wenn du mich liest, was siehst du da, was meine Sexualität betrifft?«

»Bisexuell«, antwortete er ohne Zögern. »Und dass du damit nicht ganz im Reinen bist.«

»Das trifft den Nagel auf den Kopf«, brummte ich. Besser hätte ich es auch nicht ausdrücken können. Bisexuell also. Die Rückmeldung beruhigte mich. Vielleicht. Komisch war es trotzdem.

»Ich habe das Gefühl, du kämpfst da mit einem Missverständnis, Brandon.« Jon drehte sich so, dass er mich direkt anschauen konnte. Seine durchdringenden blauen Augen schienen durch mich hindurchzublicken. »Vielleicht hast du durch deinen Bruder einen falschen Eindruck bekommen. Die meisten bisexuellen Menschen sind nicht fifty-fifty. Sie tendieren mehr zu einem der Geschlechter. Donovan ist da sehr untypisch.«

Ich sah auf. Ach ja? Damit hatte ich mich noch nie beschäftigt. Donovan war immer so offen damit umgegangen, was er dachte und fühlte, dass ich zu wissen geglaubt hatte, was es bedeutete, bisexuell zu sein. Mir war nie in den Sinn gekommen, etwas darüber nachzulesen. Jons Aussage ließ mich etwas aufatmen. »Vor acht Monaten ist mir zum ersten Mal ein Kerl begegnet, auf den ich Lust hatte. Es war total schräg, und ich hatte keine Ahnung, was ich mit dem Gefühl anfangen sollte. Bis zu dem Zeitpunkt habe ich immer gedacht, dass ich hetero bin. Und seither ist mir auch keiner mehr über den Weg gelaufen, bei dem das so war. Und das ist also ganz normal?«

Jon zuckte die Achseln, als wäre das alles keine große Sache. »Genau. Es bedeutet einfach, dass du eine starke Tendenz zu einem Geschlecht hast. Und das ist total okay so.«

Ich atmete einmal abgrundtief auf. Es war, als fiele mir buchstäblich ein Stein vom Herzen. »Wow. Einfach nur … wow.«

Er lächelte mich verständnisvoll an. »Na siehst du. Ist doch manchmal besser, zu reden, oder?«

»Ich hatte die ganze Zeit das Gefühl, mit mir stimmt was nicht. Ich hab's überhaupt nicht kapiert. Und wenn man plötzlich feststellt, dass man sich selbst kein bisschen kennt – das ist einfach ein Schock.« Natürlich wusste Jon das alles schon. Trotzdem hörte er mir geduldig zu, während er mich aufmerksam anschaute. Don hatte sich wirklich einen guten Kerl ausgesucht. »Jon, ich habe das Gefühl, ich muss dich mal drücken.«

»Tu dir keinen Zwang an. Für Umarmungen bin ich immer zu haben.«

Ich schlang beide Arme um ihn und drückte ihn so fest, dass ich ihn vom Boden hob, und er seufzte glücklich an meiner Brust.

»Ich liebe Havili-Umarmungen. Es sind einfach die besten weit und breit.«

Belustigt setzte ich ihn wieder ab. Vorsichtig. Mein Bruder würde mir den Hals umdrehen, wenn ich seinen Freund aus Versehen beschädigte. Mir ging es gerade unendlich viel besser, weil ich darüber gesprochen hatte. Es war so toll, zu wissen, dass ich nicht komisch oder verdreht war. Dass es kein Ausrutscher war. Ob ich noch ein paarmal darüber schlafen musste, um mich an den Gedanken zu gewöhnen? Na klar. Aber ich hatte nicht mehr das Gefühl, nicht so recht in meine eigene Haut zu passen.

Jon drehte den Kopf, als hätte er ein inneres Radar, dann sagte er: »Donovan ist zurück am Wagen. Alles klar so weit?«

»Ja, Mann. Danke.«

Er klopfte mir auf die Brust, und wir setzten uns in Bewegung. Ich konnte mir die Frage nicht verkneifen, während wir zurückliefen: »Glaubst du, das wird wieder passieren? Dass ich einen Kerl treffe, den ich gut finde?«

»Klar. Vielleicht nicht so oft, aber es ist nicht so, dass die Chance gleich null ist.« Er sah mich wieder scharf an. »Wünschst du dir das denn?«

Das war nicht schwer zu beantworten. »Wenn ich so etwas haben kann wie du und Don? Dann ist mir das Geschlecht der Person so was von egal.«

»Gute Antwort. Und danke für das Kompliment.«

Den Gedanken, dass Donovan dringend um seine Hand anhalten musste, behielt ich sorgfältig für mich. Mir gefiel die Vorstellung, Jons Schwager zu werden, wirklich gut. Die beiden waren durch die Verankerung so miteinander verbunden, dass sicherlich nicht zu erwarten war, dass sie sich wegen mangelnder Verbindlichkeit wieder trennen würden. Trotzdem.

Wir stiegen wieder in Jons Humvee. Ich übernahm die nächste Schicht am Steuer, um Jon eine Pause zu gönnen.

Von Tennessee bis nach Arkansas war es nicht gerade ein Katzensprung. Allerdings drängte sich mir eine Frage auf, an die ich bisher gar nicht gedacht hatte. »Hey, Jon. Wie steht's denn mit dir und dem Fliegen?«

»Wie mit Haarspray und einem Flammenwerfer«, gab er mit einem traurigen Seufzer zurück. »Zu viel Elektronik.«

Das konnte ich mir vorstellen. »Mit anderen Worten: Wenn man nicht hinfahren kann, kommst du auch nicht hin.«

»Na ja. Schiffe sind eigentlich ganz okay, wenn sie groß sind und eine Besatzung haben. Aber Flugzeuge fallen für mich leider aus.«

»Wie oft haben Übersinnliche eigentlich solche Probleme mit Elektronik?«

»Ehrlich gesagt ist es selten.« Jon lehnte sich zwischen den Vordersitzen hindurch nach vorn, damit wir uns besser unterhalten konnten. »Man muss schon ziemlich hochdrehen, um wirklich Geräte kurzzuschließen. Aber meine Abschirmung ist miserabel, darum habe ich nun mal diese Wirkung. Die meisten meiner Kollegen kommen bestens mit Elektronik zurecht. Nur wenn sie eine intensivere Lesung vornehmen oder so erschöpft oder verletzt sind, dass ihre Abschirmung nicht stabil ist, kommt es zu Problemen.«

Hmmm. Das war ja interessant. Ich hatte schon gehört, dass Jon praktisch permanent auf Hochleistung war und seine Fähigkeit nicht runterfahren konnte. Dass andere Paranormale unter den richtigen (beziehungsweise falschen) Bedingungen genauso zerstörerisch sein konnten, war mir nicht klar gewesen. »Was ist denn mit Geistersehern? Solche wie dieser Typ, den wir treffen sollen. Funktioniert seine Gabe so wie deine?«

Jon summte nachdenklich. »Ja und nein. Im Prinzip ist ein Geisterseher schon auch ein Medium, und dann auch wieder nicht. Man nennt sie mit uns in einem Atemzug, weil es so schwer ist, ihre Fähigkeit zu definieren. Ihre Begabung funktioniert etwas anders. Sie nehmen Geister und Dämonen nicht anders wahr als ihre Mitmenschen, und sie können mit ihnen interagieren wie ich mit dir oder Donovan. Sie haben keinerlei Abschirmung gegen die Energie der Geister, und wenn sie getestet werden, gehen sie für gewöhnlich nicht als Medium durch.«

Das hatte ich auch noch nicht gewusst. »Also brauchen sie auch keine Anker?«

»Ah, das ist das Einzige, was wir wirklich gemeinsam haben. Die brauchen sie durchaus. Sie können nämlich nicht immer unterscheiden, ob sie einen Menschen oder einen Geist vor sich haben, und sie brauchen deshalb unbedingt eine Person, die sie verankert. Außerdem brauchen sie ihren Anker, wenn sie sich verausgabt haben und aus einer Situation herausgeholt werden müssen. Es ist einfach ein etwas anderes Anforderungsprofil, Anker eines Geistersehers zu sein, könnte man sagen.«

Donovan schnaubte – offensichtlich sah er das nicht so. Mit einem Seitenblick fragte er: »Ernsthaft? Es kommt doch ständig vor, dass ich nach dir schauen muss, wenn du von einer Lesung absorbiert bist, und dich in einen dunklen Raum schleppen muss, damit du dich wieder erholen kannst, weil du dich überanstrengt hast.«

»Ja, aber wie wir alle wissen, bin ich auch alles andere als normal«, säuselte Jon freundlich.

Okay, da würde ich mich jetzt keinesfalls einmischen. »Also könnte ich mehr oder weniger das, was ich als Anker für einen Geisterseher brauchen würde, von Don lernen?«

Mein Bruder warf mir einen seiner typischen Blicke zu, die bedeuteten, dass er darüber nachdachte, mich in eine Zwangsjacke stecken zu lassen. »Du ziehst doch nicht etwa ernsthaft in Erwägung, zur Spukabteilung des FBI zu gehen, oder?«

»Kann sein, dass so was zur Sprache kam, als ich mich mit dem Recruiter unterhalten habe«, musste ich zugeben. »Ich bin nicht so leicht zu schocken, ich halte Geister für cool, und anscheinend findet man die Kombination nicht so oft bei der gleichen Person. Er hat gesagt, ich müsste erst mal bei einem Medium hospitieren und verstehen, was meine Aufgabe wäre, bevor ich irgendwo zugeteilt werde.«

Donovan sah mich an, als hätte ich sie nicht mehr alle.

Ich grinste ihn herausfordernd an. »Wie jetzt? Sag bloß, du willst keinen Ghostbuster in der Familie haben?«

Er seufzte abgrundtief. »Wenigstens lernst du dann, keine Geister mehr mit nach Hause zu bringen.«

»Hey. Das war ein Eins-zu-einer-Million-Zufall«, protestierte ich.

»Na sicher. Du steigst in einem Spukhotel in einer Stadt ab, die berühmt dafür ist, dass es dort spukt, und das ist eins zu einer Million? Ja, genau. Als Nächstes erzählst du mir wahrscheinlich, dass du das Ende des Regenbogens gefunden hast.«

»Um der Wahrheit die Ehre zu geben …« Ich brach mit einem sehr maskulinen Quieken ab, als er mich in die Seite pikte.

»Jungs, nicht, während er am Steuer sitzt«, ermahnte uns Jon. »Mach dir keine Sorgen, Donovan. Der FBI-Berater, zu dem wir fahren, ist im Ruhestand, aber er bildet gerade einen neuen Mann aus. Mit zwei Leuten schaffen wir das bestimmt in null Komma nichts. Und dann können wir die heißen Quellen genießen und anschließend wieder nach Hause fahren, okay?«

Donovan brummte etwas Unverständliches vor sich hin.

Ich persönlich glaubte ja nicht, dass das Problem unseres Geistes so einfach und schnell zu lösen sein würde. Ich hatte eher das Gefühl, dass es länger als einen Tag dauern würde. Aber wenn ich als Erwachsener eines gelernt hatte, dann war das, meine Vermutungen für mich zu behalten.

Kapitel 3

BRANDON

Das Crescent Hotel and Spa trug sein Alter mit Würde. Es war um 1880 erbaut worden, hatte eine Steinfassade und die für diese Epoche typischen hohen Giebeldächer. Ich liebte die Architektur dieses Gebäudes – das war für mich einer der Gründe gewesen, hier abzusteigen.

Als wir auf den Parkplatz abbogen, spürte ich genau, dass mein Bruder im Geiste gerade sämtliche Lebensentscheidungen hinterfragte, die ihn hierhergeführt hatten. Wenn seine große Liebe zu dem kleinen Blonden an seiner Seite nicht gewesen wäre, hätten ihn keine zehn Pferde auch nur über die Stadtgrenze gebracht – geschweige denn über die Schwelle eines Hotels, in dem es spukte.

Bevor er ausstieg, beugte ich mich zu ihm rüber und fragte: »Brauchst du ein *Sipi Tau?*«

Donovan seufzte schwer, während er immer noch kummervoll das Hotel fixierte.

»Sipi Tau?«, fragte Jon vom Rücksitz.

»Ein tongaischer Schlachtruf, zu dem ein Kriegstanz gehört«, erklärte ich. »Es ist ein Ritual, mit dem man sich Mut macht. Nicht nur für Schlachten, eigentlich für alles, wofür man aufgebaut werden muss. Unsere Eltern haben dafür gesorgt, dass wir auch etwas von unserer Tradition mitbekommen. Wir wissen alle, wie es geht.«

Jon blickte interessiert auf. »Ja? Das würde ich total gerne mal sehen.«

Ich boxte meinen Bruder noch mal mit dem Ellbogen in die Rippen. »Willst du? Ich bin zu allem bereit.«

Donovan seufzte wieder. »Führ mich nicht in Versuchung. Komm, bringen wir es einfach hinter uns.«

Na gut, mehr als anbieten konnte ich es nicht. Wenn er nicht wollte, war das nicht mein Problem. Wir nahmen unser Gepäck aus dem Kofferraum. Die sorgfältig eingepackte Schneekugel behandelte ich besonders vorsichtig. Besser ich als Donovan oder Jon. Jon wäre es wahrscheinlich egal, aber mein Bruder würde nur ungern sehen, dass Jon mit einem Geist jonglierte. Er war sehr auf Jons Sicherheit bedacht. Es war ehrlich gesagt erstaunlich, dass er mir zutraute, Jons Rückendeckung zu sein, während wir mit den Geisterjägern unterwegs waren. Ich meine, mein Bruder hatte Vertrauen zu mir. Das war gar keine Frage. Aber Jon in meine Obhut zu geben? Das war keine Kleinigkeit.

Der Mann an der Rezeption checkte uns freundlich und professionell lächelnd ein. Ich hatte gerade meinen Zimmerschlüssel in Empfang genommen, als ich eine Stimme, die mir irgendwie bekannt vorkam, fragen hörte: »Havili? Brandon Havili?«

Ich drehte mich um. Hinter mir stand ein durchschnittlich großer Mann – mir reichte er also kaum bis zur Schulter –, der mich neugierig anschaute. Dichte braune Locken umrahmten schmeichelhaft sein Gesicht, und seine hellbraunen Augen schimmerten wie Bernstein in der Beleuchtung. Er machte den Eindruck, als würde er sich gut und anschmiegsam anfühlen.

Hoppla. Wenn das nicht der süßeste Twink war, den ich je gesehen hatte.

Moment.

Wie jetzt?

Da hatte sich meine Libido ja einen super Moment dafür ausgesucht, *schon wieder* einen Kerl zu finden, zu dem ich mich hingezogen fühlte. Ich hatte den ersten doch gerade eben erst einigermaßen verdaut. Ich rang die Anwandlung nieder und startete meinen Mund neu, um etwas sagen zu können und nicht nur dazustehen wie ein Idiot. »Ja, der bin ich.«

»Oh, gut. Ich dachte mir doch, dass ich die Stimme erkenne. Ich bin Mackenzie Lafayette.«

Das war also der Typ, mit dem ich jetzt zusammenarbeiten sollte? Wie ein Geisterbändiger sah er nicht gerade aus. Erst mal war er viel zu süß dafür. Zweitens – wie sollte ich denn jetzt damit fertigwerden? Ich hatte keine Ahnung, wie man mit Männern flirtet. Verdammt.

Jetzt gingen meine sozialen Fähigkeiten wieder online und retteten mich davor, hier wie ein Depp rumzustehen, dem es die Sprache verschlagen hatte. Ich streckte die Hand aus. »Nett, dich kennenzulernen, Mackenzie.«

»Mack«, erwiderte er und schüttelte mir mit festem Griff die Hand.

Ich stellte die beiden anderen vor: »Mein Bruder Donovan und Jonathan Bane.«

Mack schüttelte auch ihnen die Hand. Alle lächelten sich freundlich an, und ich versuchte meiner Libido klarzumachen, dass sie gerade nichts zu melden hatte. Das war ihr völlig egal, und sie tat ihr Bestes, meinen gesunden Menschenverstand auszuschalten.

Mir war schon klar, dass ich einen Typ hatte. Mein ganzes Leben lang hatte ich Frauen gut gefunden, die nicht gerade Hungerhaken waren. Ich mochte es weich und kuschelig. Fitnessfiguren waren nicht mein Fall. Fragen Sie mich bitte nicht, wieso, es war einfach nicht attraktiv für mich. Und anscheinend galt das Gleiche auch für Männer. Mack war nicht schmal oder durchtrainiert. Er war ein bisschen weich um die Mitte und sah ernsthaft knuddelig aus. Bestimmt war es eine Freude, ihn zu umarmen.

Jon bekam das natürlich alles mit. Sein Blick huschte von mir zu Mack, dann wieder zurück, und er hob verdutzt die Augenbrauen. Ich zuckte die Achseln. Was sollte ich sagen? Anscheinend war die nächste Chance, einen Mann attraktiv zu finden, früher gekommen als erwartet.

»Ich bin eigentlich hier, um mit dem Geschäftsführer zu klären, ob es okay ist, im Hotel auf Geistersuche zu gehen«, wandte sich Mack an die Runde. »Praktisch, dass wir uns in die Arme laufen. Ich wollte sowieso mit euch Kontakt aufnehmen und einen Plan machen, bevor wir morgen loslegen. Soll ich euren Geist über Nacht vielleicht mit zu mir nehmen?«

Aus Donovans Blick sprach die Ergebenheit eines kleinen Hündchens. »Ja, bitte.«

»Ihr Name ist Emma«, erklärte Jon. »Meine Mutter konnte ein bisschen mit ihr sprechen und hat alles aufgeschrieben, was Emma ihr erzählt hat. Die Notizen sind mit der Schneekugel in dem Karton.«

»Das ist hilfreich, danke schön.«

Vorsichtig übergab ich die Schachtel an Mack, wobei unsere Finger sich streiften. Seine waren ein bisschen kalt. Meinem Bruder zuliebe fragte ich: »Könntest du unsere Zimmer kurz untersuchen und schauen, ob sich da etwas herumtreibt?«

»Aber sicher, das mach ich gerne für euch.« Mack warf Donovan einen so von Herzen mitfühlenden Blick zu, dass ich schon fast dahinschmolz, obwohl ich gar nicht gemeint war. »Ich habe gehört, dass du dich mit Geistern nicht so wohlfühlst. Ich streue Salz aus, dann bleiben eure Zimmer frei, und ihr könnt ruhig schlafen.«

Das entspannte Donovan merklich. »Danke. Wirklich nett von dir.«

»Kein Problem. Welches Zimmer habt ihr?«

»312.« Jon ging voraus zur Treppe. »Sorry, Fahrstühle und ich vertragen uns nicht so recht.«

Mack winkte ab. »Kein Stress. Ich bin schon vorgewarnt worden. Mein Handy habe ich in der Gesäßtasche. Muss ich mir darum Sorgen machen?«

»Nur wenn ich direkt damit in Kontakt komme. Und wenn ich über einen längeren Zeitraum in der Nähe bin, sind die Sachen irgendwann auch kaputt. Aber normalerweise muss ich es anfassen, damit es einen sofortigen Effekt hat.«

»Oh, gut zu wissen. Ich hatte mir schon Gedanken um die Ausrüstung der Geisterjäger-Crew gemacht. Aber wenn du ihnen aus dem Weg gehen kannst, sollte es funktionieren.«

»Das klappt schon. Ich benutze einfach Brandon als Abschirmung.« Jon zwinkerte mir auf dem Treppenabsatz über die Schulter zu.

Ich zuckte die Achseln. Darum war ich schließlich hier.

Mack musterte mich durchdringend, als wollte er meine Gedanken lesen. »Das ist mir noch nicht ganz klar. Ich weiß, dass du gerade hospitierst und ausgebildet wirst, aber wofür genau?«

»Für die paranormale Abteilung, Geisterbändiger im Besonderen«, erklärte ich. »Mein Ausbilder ist felsenfest der Meinung, dass ich einen guten Anker abgeben würde. Er will mich also erst dort dazustecken und schauen, ob es mit jemandem klick macht. Außerdem mag ich Geister, und das scheint selten zu sein.«

»Das ist es, vielleicht sogar seltener, als du denkst.« Mack nahm diese Information offensichtlich begeistert zur Kenntnis und begann, beim Sprechen lebhaft mit den Händen zu gestikulieren. »Und wirklich toll. Das heißt, dass wir wahrscheinlich in Zukunft irgendwann auch mal zusammenarbeiten werden. Ich bin kurz vor der Zulassung – nach diesem Job hier ist meine Probezeit beendet. Aber ich habe noch keinen Partner. Sie werden mich also einmal herumreichen, bis ich jemanden finde, der zu mir passt. Wann bist du denn bei den beiden fertig?«

»Oh, vielleicht in zweieinhalb Wochen ungefähr.«

»Das ist ja schon bald. Cool. Es wäre schön, dann mit jemand Bekanntem zusammengesteckt zu werden. So viele Agenten habe ich noch gar nicht kennengelernt, denn ich habe hauptsächlich mit Hannah und Beau gearbeitet.«

Jon blieb oben an der Treppe stehen und sah Mack stirnrunzelnd an. »Ich dachte immer, man müsste schon einen Partner haben, um Agent zu werden.«

»Ja, die Regeln werden gerade etwas aufgeweicht«, erklärte Mack achselzuckend. »Das habe ich jedenfalls gehört. Es gibt zu viele talentierte Leute, die sie gerne behalten wollen. Deshalb wird man jetzt dabei unterstützt, einen Anker zu finden, wenn man noch keinen hat. Ich find's super. Da, wo ich herkomme, wollte keiner etwas mit dem Kram zu tun haben. Beim FBI bin ich damit besser aufgehoben.«

Wie jemand nicht schon nach einem Blick auf diesen süßen, gutmütigen Kerl das Bedürfnis haben konnte, ihn zu beschützen und zu unterstützen, war mir ein Rätsel. War er nur von Egoisten oder Blinden umgeben? Und ob ich sie hauen durfte? Ich hatte das Bedürfnis, sie zu hauen.

Wir erreichten unsere Zimmer, noch bevor ich Dinge ansprechen konnte, die mich wahrscheinlich nicht die Bohne etwas angingen. Mack trat direkt ein und sah sich interessiert um, wie ein Makler, der eine Immobilie begutachtet. Ich war zu neugierig, um nur zuzuschauen, also stellte ich meinen Koffer ab und heftete mich an seine Fersen. »Darf ich fragen, wonach du suchst?«

Er blickte mich nicht an, aber sein Tonfall war freundlich. »Klar. Also, im Prinzip gibt es verschiedene Zustände, in denen Geister sich befinden können. Die älteren sind manchmal so erschöpft und ohne Energie, dass sie kaum wahrzunehmen sind. Jüngere, kürzlich erst verstorbene Geister haben meistens mehr Vitalität. Wenn die Umstände günstig sind, kann aber auch ein alter Geist eine starke Präsenz haben, selbst hundert oder dreihundert Jahre nach dem Tod. Meist hilft es ihnen, Kalkstein oder Quarz in ihrer Umgebung zu haben. Und wenn es solches Gestein in der Nähe gibt, dann besteht immer die Möglichkeit von ortsgebundenen Spukerscheinungen.«

Donovan hatte das Zimmer noch nicht betreten, sondern stand abwartend auf der Schwelle. »Was ist denn der Unterschied?«

»Ein ortsgebundener Spuk ist kein aktiver Geist, sondern eher wie Erinnerungen oder wie ein Echo. Man kann es sich so vorstellen wie einen Schnappschuss, der immer wieder angesehen wird, wie eine Schallplatte mit einem Sprung. Da ist nichts, womit man interagieren könnte. Geisterseher sind oft genervt von solchen Resterscheinungen, weil man sie erst ein paar Sekunden beobachten muss, um zu wissen, ob da etwas reagieren wird oder nicht.«

Darüber hatte ich schon viel gelesen, aber ich fand Macks Erklärung sehr einleuchtend. Er erläuterte es so, dass es auch ein Laie verstehen konnte.

Mitten im Raum hielt er inne und nickte. »Hier drin spüre ich nichts. Was ich jetzt machen werde, ist, Türschwelle und Fensterbretter mit Salz zu bestreuen. Streut einfach jeden Morgen neues Salz aus, und tretet nicht drauf, okay? Wenn die Linie unterbrochen ist, könnte ein Geist reinkommen.«

Donovan nickte sofort. »Was für Salz ist egal?«

»Ja. Zucker geht auch. Steinsalz funktioniert aber am besten. Soll ich das andere Zimmer auch untersuchen?«

Ich schüttelte den Kopf. »Ich will mein Zimmer nicht versiegelt haben. Eigentlich hoffe ich sogar, dass etwas passieren wird. Beim letzten Mal war leider nichts los.«

Mack lächelte mich an, und ich konnte sehen, dass ihn meine Einstellung freute. »Ach so? Du hast ja gesagt, dass du schon mal hier gewohnt hast. Und da hattest du auf eine Erscheinung gehofft?«

»Ja, klar. Ich habe erst einmal in meinem Leben einen Geist gesehen. Es ist mir nie gelungen, die Erfahrung zu wiederholen, und das finde ich sehr frustrierend.«

Donovan seufzte tief. Dann sagte er ganz unverhohlen: »*Tokotaha faikehe.*«

Sofort stürzte ich mich auf ihn. Für den Spruch gab es nun wirklich keinen Grund. Er duckte sich weg und nahm Kampfposition ein.

»Jungs, Jungs«, mahnte Jon vorwurfsvoll, aber mit einem Augenzwinkern. »Ich schwöre, ihr beiden seid schlimmer als zwei Kampfhähne. Donovan, keine Beschimpfungen bitte.«

»Ich hab nur gesagt, dass er irre ist«, brachte Donovan zu seiner Verteidigung vor.

»Ich bin irre und stolz darauf!« Ich wollte immer noch meinen Standpunkt verteidigen. »Aber Geister sind nicht irre.«

Jon verdrehte die Augen gen Himmel. »Eure Schwester kann einem wirklich leidtun. Mit euch beiden aufzuwachsen, war bestimmt nichts für schwache Gemüter.«

»Machst du Witze?« Donovan zog eine Grimasse. »Sammy ist die Schlimmste.«

Ich nickte bekräftigend. »Wir legen uns nicht mit ihr an. Sie macht uns fertig.«

Macks Augenbrauen verschwanden langsam unter seinem Haaransatz. »Das kann ich mir beim besten Willen nicht vorstellen. Euch beide? Nehmt es mir nicht übel, aber ihr seid beide gebaut wie Linebacker.«

»Und Sam ist etwa so groß wie ich«, sagte Jon grinsend, denn er schien das alles witzig zu finden. Der hatte leicht reden. Sam mochte ihn. Ihm würde sie nie etwas tun. »Darum ist es ja so lustig. Sie haben beide Angst vor ihr. Andererseits habe ich auch eine Schwester. Mit der würde ich mich auch nicht anlegen wollen. Schwestern kämpfen gemein, wenn sie auf Rache aus sind.«

Und Sam war schlauer als manch anderer. Oder gerissener. Das kam aufs Gleiche raus.

Dieses Gespräch war ja so weit ganz interessant, aber es half mir nicht wirklich. Ich war immer noch durcheinander wegen meiner Reaktion auf Mack. Ich wollte mehr Zeit mit ihm verbringen, ohne dass ein Haufen Leute um uns herum war, um mir einen Reim darauf zu machen. Wenn ich nicht jetzt den Mund aufmachte, würde ich vielleicht nie wieder die Gelegenheit haben. »Ähm, Mack. Wir kennen uns ja nicht so gut aus hier – kannst du uns ein paar gute Restaurants empfehlen? Vielleicht können wir ja zusammen zu Abend essen und einen Plan für die nächsten Tage machen?«

»Ja, klar. Worauf habt ihr denn Appetit?«

Okay, das hatte schon mal geklappt. Zum Glück war er aufgeschlossen. Dass mein Bruder und Jon drittes und viertes Rad am Wagen sein würden, war nicht schlimm. Ich wollte ihn ja nicht direkt zu einem Date einladen. Ich wollte ihn einfach näher kennenlernen, um zu sehen, ob meine Reaktion auf ihn nicht nur ein Ausrutscher war, aufgrund des Gesprächs mit Jon vorhin. Und wenn es keiner war? Dann würde ich das vielleicht sogar weiterverfolgen.

KAPITEL 4

MACK

Brandon Havili sollte mit einem Warnschild ausgestattet werden: »Achtung, heiß, kann Herzstillstand und möglicherweise blaue Hoden zur Folge haben«. Er klang nicht nur wie ein Berg, er hatte auch die passende Statur – und der Berg bestand aus Muskeln, umhüllt von wunderschöner, sonnenverwöhnter, kupferfarbener Haut. Dazu hatte er die tollsten braunen Augen mit einem Stich ins Goldene. Am liebsten hätte ich auf der Stelle näher erkundet, was sich unter den knapp sitzenden Jeans verbarg, die ihm so gut standen. Dieser Typ war Sex auf zwei Beinen, und anscheinend war ihm das überhaupt nicht bewusst, denn er war zwar freundlich, aber null anzüglich.

Also, vielleicht hatte er ein bisschen geflirtet? Wie er mich ansah, ließ mein Schwulenradar jedenfalls anspringen. Aus seinem Blick sprach Interesse, er schien mich also attraktiv zu finden. Und ich muss sagen, dass das wirklich eine Wohltat für mein Ego war. Dieser Mann, der die perfekte Werbefigur für jedes Fitnessstudio gewesen wäre, fand mich gut? Das ließ ich mir auf der Zunge zergehen.

Ich machte, dass ich da rauskam, bevor ich mich blamierte und ihn auf der Stelle anbaggerte. Ich musste ernsthaft, ernsthaft cool bleiben, bis ich wusste, wie er einzuordnen war. Übel nehmen würde er es mir sicher nicht; sein Bruder und dessen Partner verstanden sich offensichtlich gut mit ihm, was schon einiges verriet. Trotzdem musste ich ja mit ihm zusammenarbeiten. Kleine Schritte waren also angesagt.

Wir verabredeten uns in einem mexikanischen Restaurant, was mir ganz recht war, da ich heute *envie* darauf hatte. Dann brachte ich Emma in mein Zimmer bei Beau. Erst war sie etwas unsicher wegen der fremden Umgebung, aber als ich sie dem Hausgeist vorstellte, beruhigte sie sich. Ich las mir die Notizen über sie durch, und das verschaffte mir einen Eindruck von dem, was ich tun musste, um ihr beim Übergang ins Jenseits zu helfen.

Ich überlegte kurz, mich umzuziehen, fand aber nichts, was nicht zu fein gewesen wäre – das hätte mein Interesse zu offensichtlich gemacht und peinlich werden können. Nee, das musste nicht sein. Stattdessen steckte ich ein großes Glas Steinsalz ein und sprang wieder ins Auto.

Eureka Springs war eine schöne Stadt, nicht allzu groß, und die Architektur stammte größtenteils aus einer vergangenen Ära – damals, als die Dampfmaschine noch eine neue Erfindung gewesen war. Die Stadt lag inmitten der grünen Hügel von Arkansas, malerisch und friedlich. Auf den ersten Blick jedenfalls.

Für mich war es wirklich schwierig, hier entspannt Auto zu fahren, denn es wimmelte geradezu von Geistern. Die meisten hatten viel Energie; wenn ich sie nur aus dem Augenwinkel sah, konnte ich kaum sagen, ob es sich um eine lebende Person oder einen Geist handelte. Also war ich dauernd kurz davor, auf die Bremse zu treten. Einer der vielen Gründe, warum Geisterseher so dringend einen Anker brauchten, war, dass Autofahren so kompliziert war. Unseren Augen zu trauen, war gefährlich.

Ehrlicherweise erschien mir die Vorstellung, selbst einen Anker zu haben, unrealistisch. Wie eine Fantasie. Ich war zwar umgeben von Geistern aufgewachsen, aber gleichzeitig auch umgeben von Menschen, die nicht an sie glaubten. Und die, die mir glaubten, dachten, ich würde Voodoo praktizieren. Es war kein besonders angenehmes Umfeld gewesen. Ich hatte immer davon geträumt, Leute zu treffen, die mich wie einen normalen Menschen behandelten. Bei Beau und Hannah war das der Fall, und beim FBI war es ebenfalls so. Für mich war ein Traum in Erfüllung gegangen.

Aber einen Anker zu haben? Das war ein Hirngespinst, weiter nichts.

Beau tat so, als wäre es keine große Sache, Hannah auch. Für die beiden war es normal. Sie verstanden gar nicht, warum ich so reagierte, als hätten sie darüber gesprochen, dass ich ein Einhorn finden sollte. Erklären konnte ich es ihnen nicht so recht.

Ob ich gerne einen Anker gehabt hätte? Und wie.

Eine unachtsame Fußgängerin trat auf die Fahrbahn, und ich machte eine Vollbremsung, um sie nicht zu überfahren. Das Auto hinter mir wäre mir fast ins Heck gerauscht, und der Fahrer begann ein wütendes Hupkonzert. Erst als die Fußgängerin an mir vorbeischwebte, wurde mir klar, dass sie ein bodenlanges Gewand aus dem 19. Jahrhundert trug und keine Füße hatte. Ach, Mist. Ich winkte entschuldigend nach hinten, dankte dem Himmel, dass wir nicht zusammengestoßen waren, und fuhr weiter. Darin musste ich wirklich besser werden, bis ich einen Anker hatte. Wann das sein würde, stand in den Sternen.

Zum Glück war es nicht mehr weit bis zum Restaurant, und ich parkte erleichtert den Wagen. Als ich ausstieg, fand ich die drei Männer wartend auf der Bank vor dem bunt gestrichenen Haus. Brandon hatte mich als Erster entdeckt und winkte mir zu. Ich winkte schüchtern zurück.

»Ich kann es kaum abwarten, so gut, wie es hier duftet«, bemerkte Donovan, als ich auf sie zulief. Er atmete tief ein und seufzte genießerisch. »Ich habe das Gefühl, dass ich schon vom Schnuppern allein drei Kilo zunehmen werde.«

»Das kommt hin.« Ich reichte ihm lächelnd das Steinsalz. »Das sollte für die nächsten paar Tage reichen.«

»Mack, du bist ein Engel. Danke.« Das Salz verschwand sofort in einer der Seitentaschen seiner Cargohosen.

»Lasst uns reingehen.« Ich stieß die Tür auf und winkte sie durch.

Das »El Mojito« war ein gutes Lokal, das von einer vor Jahrzehnten aus Mexiko eingewanderten Großfamilie betrieben wurde. Sie verstanden es wirklich, zu kochen. Wie es sie ausgerechnet nach Eureka Springs verschlagen hatte, wusste ich gar nicht, aber ich war dankbar dafür. Die Kellnerin – ich glaube, die älteste Tochter – brachte uns an einen Tisch, was ich gut fand. Brandon und Donovan hatten beide nicht die Statur für Sitzecken. Wir bekamen die Speisekarten und bestellten Getränke, ich wie immer eine mexikanische Cola mit einem Glas Eiswürfel. Da ich oft hierherkam, kannten sie sich mit meinen besonderen Anforderungen aus, und die Kellnerin verzog keine Miene.

Brandon hörte interessiert zu. »Ist mexikanische Cola anders als normale?«

Natürlich fragte er nach. Was soll's – früher oder später würde er meine ganzen Macken sowieso mitbekommen. »Ja, sie ist mit Rohrzucker gesüßt und nicht mit Maissirup. Ich bin allergisch auf Mais, also kann ich nur mexikanische Limos trinken.«

Jon starrte mich seltsam durchdringend an. »Wie ich sehe, ist das nicht deine einzige Allergie.«

Ich blinzelte ihn an. »Das kannst du sehen?«

»Gewissermaßen. Ich kann sehen, dass da einiges nicht ganz in Ordnung ist. Du hast irgendwas gegessen, das dir gerade Verdauungsprobleme bereitet.«

Verdammt. Der hatte ja gute Augen. Kein Wunder, dass er elektronische Geräte zerstörte. »Ja, ich kann keine Milchprodukte und keinen Kaffee zu mir nehmen.«

Alle drei erschauderten mitleidig.

Ich verdrehte die Augen. »So reagieren alle Kaffeejunkies. Dabei ist es gar kein so großer Verlust. Es sind eher die Milchprodukte und der Mais, die mir das Leben schwer machen. Vor allem Mais. In Amerika wird ja fast kein Lebensmittel ohne Maisanteil produziert.«

»Und trotzdem gehst du zum Mexikaner«, stellte Brandon fest. Er beobachtete mich genau, als wäre ich die Antwort auf eine Frage, die ihn beschäftigte.

»Mit der Speisekarte kenne ich mich aus. Hier kann ich sogar drei oder vier verschiedene Gerichte bestellen. In vielen Restaurants muss ich mich auf Salat beschränken.« Ich zuckte die Achseln. Die Allergien waren Teil meines Lebens. Nur bei den Milchprodukten schummelte ich manchmal – Käse, Sie verstehen. Alles andere kam aber gar nicht infrage. Mais streckte mich volle drei Tage nieder – es war dann, als hätte ich ein Magen-Darm-Virus. Und Kaffee führte mich noch nicht mal in Versuchung.

Die Kellnerin brachte unsere Getränke, und wir gaben unsere Bestellung auf. Niemand war überrascht, dass ich Fajitas ohne Käse, Tortillas oder Sour Cream nahm. Als die Bestellung aufgegeben war, stand dringend ein Themenwechsel an. »So. Wie viel wisst ihr denn über Eureka Springs?«

»Viel zu viele Geister hier«, antwortete Donovan wie aus der Pistole geschossen. Sein Gesichtsausdruck war mürrisch.

Da konnte ich ihm nicht widersprechen. »Wisst ihr auch, warum das so ist?«

»Ich schon, aber ich habe noch gar nicht daran gedacht, es ihnen zu erzählen«, gab Brandon zu. »Don hat's nicht so mit Gruselgeschichten.«

Jon war auf jeden Fall neugierig geworden und bat mit offensichtlichem Interesse: »Erzähl schon.«

»Also, das Hotel wurde 1886 gebaut und hat danach einige Male den Besitzer gewechselt. 1937 wurde es von einem Mann namens Norman G. Baker erworben. Er hat es zu einem Krankenhaus und Sanatorium umgebaut. Aber der Witz war – er war gar kein Arzt.«

Donovan stöhnte. »Ich ahne schon, was jetzt kommt.«

Ich zuckte die Achseln. Vermutlich hatte er recht. »Baker war Millionär und ein populärer Radiomoderator. Eine medizinische Ausbildung hatte er nicht, doch die Leute hörten auf ihn. Er behauptete, diverse Krankheiten heilen zu können, und da er auch Erfinder war, wurde ihm geglaubt. Eine der Krankheiten, die er angeblich heilen konnte, war Krebs. Es stellte sich heraus, dass seine Wunderkur darin bestand, den Patienten das Quellwasser zu trinken zu geben und sie in den heißen Quellen zu baden.«

Alle am Tisch verzogen das Gesicht, sogar Brandon. Das hatte er anscheinend noch nicht gewusst. »Wie viele Menschen er auf dem Gewissen hat, weiß ich gar nicht genau. Er hat Tausende verzweifelte Patienten behandelt, und mindestens einige Hundert sind im Hotel gestorben. Die Leichenhalle war im Keller untergebracht, und er war bekannt dafür, dort Autopsien durchzuführen. Manchmal hat er zu Forschungszwecken Körperteile aufgehoben.«

Donovan schauderte. »Hör auf, hör auf.«

Anscheinend konnte er wirklich nicht gut mit Horror umgehen. Ich erinnerte mich nur allzu gut daran, wie es war, jung und verletzlich zu sein, umgeben von Geistern – ich konnte also kaum anders, als Mitleid zu empfinden. Es war schwer, sich gegen das Übersinnliche zu wehren. »Mach einfach einen Bogen um den Keller und den ersten Stock, dann hast du keine Probleme. Dort sind die meisten Geister anzutreffen.«

»Warum denn im ersten Stock?«, fragte Jon neugierig.

»Baker hatte sein Büro dort.«

»Keller und erster Stock. Verstanden.« Donovan sah mich hoffnungsvoll an. »Wie lange wirst du denn brauchen, um dein Ding zu machen?«

»Ah, das kommt darauf an. Meist nicht länger als ein paar Minuten. Manchmal treffen wir auf unerwarteten Widerstand, dann dauert es etwas länger. Wir müssen hauptsächlich den Pfad beleuchten und … äh. Ich weiß nicht genau, wie ich das erklären soll. Im Grunde eröffne ich einen Zugang für sie, und dann überrede ich sie sanft, sich auf den Weg zu machen. Emma wird dann selbstständig ins Jenseits übertreten, sobald ich sie dazu gebracht habe, sich in Bewegung zu setzen.«

»Aber wir sind trotzdem mindestens drei Tage hier, mit den Geisterjägern«, erinnerte Brandon seinen Bruder. Er wollte wahrscheinlich mitfühlend klingen, aber die freudige Aufregung war spürbar.

Donovan verdrehte die Augen. »Dazu musstest du unbedingt Ja sagen.«

»Ist ja toll, dass ich sofort schuld bin und nicht Jon.«

»Jon hat zugestimmt, weil du einverstanden warst«, gab Donovan scharf zurück.

Jon lachte leise. »Offen gestanden hätte ich so oder so Interesse gehabt. Aber es hilft natürlich, dass Brandon auch dabei ist.«

Donovan verhielt sich sehr gutmütig, obwohl er in etwas hineingezogen worden war, das ihm offensichtlich unangenehm war. Selbst seine Beschwerde war halb scherzhaft. Ich musste darüber nachdenken, wie es wohl war, jemanden so sehr zu lieben, dass man sich in eine Situation begab, in der einem nicht wohl war, nur weil die andere Person darum gebeten hatte. Ach, verdammt. Jetzt war ich neidisch.

Der Abend verlief lebhaft und lustig. Im Handumdrehen war schon eine Stunde vergangen, und kein Bissen war übrig geblieben. Die Havilis konnten ordentlich reinhauen. Donovan ging zwischendurch zur Toilette, und Brandon ging die Rechnung bezahlen. Er murmelte vor sich hin, dass das Spesen waren, die zur Ausbildung gehörten. So blieb ich ein paar Minuten mit Jon allein.

Der Blick aus seinen klaren blauen Augen war durchdringend, und ich wurde unter seiner Beobachtung leicht nervös. Vor diesem Mann konnte ich nichts geheim halten, das wurde mir plötzlich intuitiv klar.

»Mack«, sagte Jon ruhig. »Du musst zwei Sachen wissen, wenn wir weiter zusammenarbeiten. Erstens bin ich verschwiegen. Deine Geheimnisse sind bei mir sicher.«

Ich hielt die Luft an und schaute ihn unverwandt an. Ich sah, dass er ehrlich war, und beschloss, ihm zu vertrauen und seine Worte für bare Münze zu nehmen. Langsam atmete ich aus. »Okay. Danke, das ist beruhigend.«

»Meine Gabe macht die Menschen nervös. Das weiß ich. Aber ich weiß auch, was Vertraulichkeit bedeutet. Das Zweite ist: Ich bin ein Grund dafür, dass Brandon beim FBI ist und als potenzieller Anker gehandelt wird.«

Das hatte ich nicht erwartet. »Wirklich? Wieso das denn?«

»Vor etwa vier Monaten hatten wir einen Fall in Nashville, bei dem wir das FBI hinzuziehen mussten. Das Medium im Team hat Donovan gelesen, und wie es der Zufall wollte, hatte er ein paar Monate zuvor Brandon kennengelernt. Ich habe Marc offen gesagt, dass Donovan einer der besten Anker ist, die ich je getroffen habe. Und nachdem er ihn in Aktion erlebt hatte, war er meiner Meinung. Ich habe ihm auch gesagt, dass Brandon seinem Bruder erstaunlich ähnlich ist und alle Voraussetzungen dafür hat, auch ein großartiger Anker zu werden. Marc hat mir zugestimmt und Brandon einen Job angeboten. Wie du siehst, hat er angenommen. Er ist wirklich sehr interessiert.«

Mein Misstrauen regte sich, und ich fragte langsam: »Und warum erzählst du mir das alles?«

Er nahm einen Schluck aus seinem Glas, dann fing er an zu grinsen. »Tja – was glaubst du denn?«

Ach ja, er war ja ein Medium. »Shit. Bitte sag mir, dass ich mich für ihn nicht ganz so durchschaubar benommen habe.«

»Nicht dass ich wüsste. Aber das könntest du ruhig.«

Plötzlich war ich Feuer und Flamme. »Wirklich?!«

Das Grinsen wurde breiter. Am liebsten hätte ich ihn geschüttelt. Er war viel zu selbstgefällig. »Mehr kann ich nicht verraten, ohne zu weit zu gehen. Aber das sollte reichen, um dich ein bisschen anzuschubsen, Mack. Oder?«

»Und ob. Ich war nur nicht sicher, wie er es aufnehmen würde.« Ich machte auf meinem Stuhl einen kleinen Freudentanz. Ich mochte vielleicht kein Playboy sein, aber mit sexy Männern flirten? Das hatte ich drauf.

Herausforderung angenommen.

KAPITEL 5

BRANDON

Während ich die Rechnung beglich und die Quittung einsteckte, machte sich mein gesunder Menschenverstand bemerkbar und begann zu kombinieren. Erstens: Geisterseher hatten Schwierigkeiten, lebende Menschen von Geistern zu unterscheiden. Zweitens: Diese Stadt war einer der von Geistern am stärksten frequentierten Orte in den gesamten Vereinigten Staaten. Drittens: Mack war mit dem Auto hierhergefahren.

Hieß das dann nicht, dass er beim Fahren ständig irgendwem ausweichen musste? Sei es Geist oder Mensch? Das klang aber alles andere als verkehrssicher. Es sei denn, ich hatte etwas missverstanden.

Als ich wieder an den Tisch trat, fand ich Mack und Jon ins Gespräch vertieft vor, und Jon hatte diesen selbstgefälligen Gesichtsausdruck, der bedeutete, dass er etwas ausheckte. Eine Plaudertasche war er nicht, dafür ließ er oft bewusst Bemerkungen fallen, um andere Leute zu etwas anzustiften. Es war keine Manipulation in dem Sinne, aber Jon war bekannt dafür, Leuten einen Impuls in die richtige Richtung zu geben, wenn sie es seiner Meinung nach brauchten. Ein schmaler Grat. Aber Mack sah aus, als würde er sich auf etwas freuen, also hatte Jon ihm wohl nichts Traumatisches verraten.

Als ich mich näherte, verstummten sie beide. Es lag nahe, anzunehmen, dass sie über mich geredet hatten, aber ich schob den Gedanken beiseite. Sicher hatte es nichts mit mir zu tun. Und manche Dinge besprach man nun mal besser unter vier Augen. »Hey, Mack. Jon sagt, dass Geisterseher manchmal nicht zwischen Geistern und Menschen unterscheiden können.«

»Stimmt«, antwortete Mack. Er schien verwirrt. Offenbar hatte er keine Ahnung, worauf ich hinauswollte. »Das ist ein ziemlich verbreitetes Problem. Darum haben Geisterseher gerne einen Anker.«

»Okay. Aber du bist doch hierhergefahren. Ist es denn nicht schwierig für dich, in dieser Stadt mit dem Auto unterwegs zu sein?«

Mack seufzte abgrundtief. »Wenn du wüsstest. Hier sind gefühlt an jeder Ecke irgendwelche Geister.«

Mein Beschützerinstinkt sprang an, als hätte jemand einen Schalter umgelegt. »Okay, weißt du was? Ich hab kein gutes Gefühl dabei, dich zurückfahren zu lassen. Da ist ein Unfall ja vorprogrammiert. Jon, ist es okay, wenn ihr uns bis zu ihm nachfahrt? Ich würde ihn gerne nach Hause bringen.«

Jon grinste schon wieder. Er sah mehr, als dass er hörte, was ich wirklich meinte. »Aber ja. Das können wir gerne machen.«

Auf Macks Gesicht spiegelte sich eine Mischung aus Verblüffung und Protest. Sein Mund stand offen, und er rang sichtlich um Worte, die nicht kommen wollten.

Zum Glück sprang Jon mir bei. »Lass ihn, Mack. Er ist doch gerade in der Ausbildung, um Anker eines Geistersehers zu werden. Das ist eine gute Gelegenheit dafür, zu üben.«

Der widerwillige Ausdruck verschwand, und Mack nickte zustimmend. »Wenn du es so ausdrückst, ist es schwer, Nein zu sagen. Aber ohne dass ich dir zu nahe treten will, Brandon – passt du überhaupt in mein Auto?«

»Du hast einen Accord, oder? Kein Problem, der hat genug Beinfreiheit.« In Wirklichkeit würde ich mich gerade mal so reinquetschen können. 96 Zentimeter Schrittlänge waren eine echte Ansage. Wenn meine Mutter keine so begnadete Shopperin gewesen wäre, hätte ich Probleme gehabt, Hosen in der richtigen Länge zu finden.

Donovan kehrte zurück, und wir weihten ihn auf dem Weg zum Parkplatz in den Plan ein. Er warf mir einen interessanten Blick zu, als würde er versuchen, mir auf die Schliche zu kommen. Ich sagte nichts dazu. Mir war jetzt schon klar, dass er mich später ausfragen würde. Doch es war sowieso Zeit, ihm reinen Wein einzuschenken. Jetzt, nachdem Jon mir den Kopf zurechtgerückt hatte, freute ich mich auch darauf. Es gab so einiges, was ich meinen großen Bruder fragen wollte.

Aber zuerst musste ich mich auf den süßen Brünetten konzentrieren.

Erst einmal schob ich den Sitz nach hinten, so weit es ging, um einsteigen zu können. Die Spiegel musste ich auch verstellen, aber das schien Mack nicht zu stören. Als wir saßen, fragte ich: »Wohin?«

»Ah, runter vom Parkplatz, dann links.«

»Okay.« Ich legte den Gang ein und fuhr vorsichtig rückwärts.

»Vielen Dank, Brandon. Wirklich. Ich hab fast einen Unfall gebaut auf dem Weg hierher. Ich hatte schon Bammel, wieder nach Hause zu fahren.«

Ich warf ihm einen etwas besorgten Blick zu. »Warum bittest du nicht jemand anderen, dich zu fahren?«

»Ich wüsste nicht genau, wen ich da fragen sollte«, antwortete er mit einem Schulterzucken. »Ich bin nicht von hier, sondern aus Opelousas in Louisiana. Ich mache nur meine Ausbildung in Eureka Springs und wohne solange bei meinem Mentor und seinem Anker. Beau und Hannah.

Sie sind superlieb zu mir, keine Frage, aber es wäre mir unangenehm, sie auch noch zu bitten, mich rumzufahren. Sie tun schon so viel für mich. Und ich kann ja fahren, so ist es nicht.«

Aber sollte er sich das nicht auf jeden Fall sparen, wenn er leibliche und spirituelle Wesen nicht unterscheiden konnte? Diese Bemerkung verkniff ich mir, da ich das Gefühl hatte, das stünde mir nicht zu. Er machte das Beste aus dem, was er hatte. »Da kommt also dieser Akzent her. Ich hatte schon überlegt.«

»Mehr Südstaaten geht kaum«, sagte er im typischen gedehnten Singsang und ließ seinen Akzent stärker durchklingen. »Am Bayou geboren. Dich finde ich aber noch schwerer zuzuordnen. Du hast gar keinen eindeutigen Akzent.«

Ich zuckte die Achseln. Das stimmte. »Ich bin in Kalifornien geboren. Da waren wir eine ganze Weile, dann sind wir nach Tennessee umgezogen, als ich auf der Highschool war. Zum Arbeiten war ich hauptsächlich in Colorado. Aber ich bin mehrsprachig aufgewachsen, da hat man eigentlich keinen Akzent mehr, hab ich festgestellt.«

»Mehrsprachig?«, fragte er interessiert. »Ich kann Kreolisch. Das spricht meine Familie hauptsächlich. Welche Sprachen sprichst du denn?«

»Tongaisch, Hawaiianisch, ein bisschen Tagalog und genug Spanisch, um einen Streit vom Zaun zu brechen und einzukaufen.«

»Tongaisch? Bist du Tongaer?«

»Hauptsächlich. Wir sind mit der Kultur aufgewachsen, also betrachte ich mich als Tongaer, ja. Aber wir sind natürlich überzeugte Amerikaner, denn wir sind alle hier geboren. Mom und Dad stammten aus Hawaii. Also sind wir Amerikaner in dritter Generation, könnte man sagen.« Wie waren wir eigentlich darauf gekommen? Ich fand es toll, dass er sich dafür interessierte. »Was ist denn Kreolisch?«

»So etwas wie Pidgin-Französisch. Es wird hauptsächlich in Louisiana und Mississippi gesprochen, soviel ich weiß. Franzosen würden sich mit Grausen abwenden, wenn sie es hören würden. Aber meine Familie spricht so.« Mack zuckte abrupt zusammen und packte den Haltegriff über dem Seitenfenster. Seine Füße traten instinktiv auf eine unsichtbare Bremse.

Auf der Straße vor uns war absolut nichts zu sehen, aber ich konnte mir schon denken, worauf er instinktiv reagiert hatte. »Kein Mensch, Mack.«

Er schauderte. »Gott, bin ich froh, dass du fährst. Er hat so lebensecht ausgesehen, dass ich komplett drauf reingefallen bin.«

Auf einmal war ich auch heilfroh, dass ich am Steuer saß. Die Straße vor uns war zwar frei, aber hinter uns fuhren Jon und Donovan, und dieser Humvee konnte ganz schön Schaden anrichten. Und wenn nicht sie hinter uns wären, hätte es jemand anders sein können.

Mack wandte sich um und starrte mich an. In seinen Augen blitzte plötzliches Verständnis auf.

»Was denn?« Was wohl gerade in seinem Kopf vorging?

»So ist das also, wenn man einen Anker hat? Ich meine, ich habe ja schon Hannah in Aktion gesehen, aber … wenn ich selbst es bin, der unterstützt wird, ist es auf einmal viel realer. Hmmm.« Sein Tonfall wurde ein bisschen wehmütig. »Ein echt gutes Gefühl.«

Der letzte Satz traf mich mitten ins Herz. *Du kannst jetzt nicht anhalten und ihn küssen, du kannst jetzt nicht einfach anhalten und ihn küssen … Okay, wiederhol das noch acht Mal.* Das machte er gar nicht mit Absicht, meinen Beschützerinstinkt so anzukurbeln, da war ich ganz sicher. Er drückte diese Knöpfe ganz automatisch. Dann hatte ich einen Geistesblitz, und ich dachte keine Sekunde darüber nach, sondern platzte einfach damit heraus. »Mack, lass es uns einfach machen. Lass mich die nächsten Tage für dich Anker spielen.«

»Das wäre ja genial. Aber – bist du dir sicher?«

Es klang nicht so, als wollte er mich davon abbringen. Ganz und gar nicht. »Tja, ich werde doch gerade dazu ausgebildet, oder? Es wäre eine gute Übung für mich.«

»An der nächsten Ampel rechts«, dirigierte er. »Ich würde das auch gerne üben. Wie man mit einem Anker zusammenarbeitet, meine ich. Ich kann nicht alles lernen, indem ich Beau und Hannah beobachte.«

»Mir geht's mit Jon und Donovan genauso.«

»Aber bist du auch sicher, dass du das schaffst? Ich meine, du sollst doch eigentlich Jon auf der Geisterjagd begleiten.«

»Ich denke schon, dass ich es hinkriege, zu verhindern, dass er Geräte durchschmoren lässt, und gleichzeitig ein Auge auf dich zu haben. Kein Ding.«

»Das viktorianische Haus da drüben auf der rechten Seite, das ist es.« Mack deutete auf ein imposantes Gebäude mit hohem Giebel und schmucker Fassade in Grautönen.

Ich bog in die Einfahrt ein, machte den Motor aus und reichte ihm automatisch die Schlüssel. Er nahm sie langsam entgegen, und unsere Finger verschränkten sich kurz. Ein weiches, fast scheues Lächeln huschte über sein Gesicht, als er mich ansah, und meine Haut prickelte an der Stelle, an der wir uns berührt hatten. »Ich fände es super, wenn du mein Anker wärst.«

Plötzlich war mein Mund ganz trocken. *Bitte lass ihn das auch so meinen, bitte, bitte.* »Abgemacht. Dann bis morgen früh?«

»Ja. Ruf mich an. Wir machen einen Zeitplan. Vielleicht können wir zusammen frühstücken?«

»Na klar.« Das klang verdächtig nach einem Date, aber so dumm war ich nicht, dass ich nachfragte. Nein, mein

Herr. Ich hatte den Ball, und ich würde damit loslaufen.

»Klingt gut. Ich rufe dich kurz nach acht an, okay?«

»Ja, das passt gut. *Merci*, Brandon.«

Okay, Zeit zu gehen. Ich öffnete widerstrebend die Autotür und stieg aus. Jon wartete am Straßenrand, und ich winkte Mack noch ein letztes Mal lächelnd zu, dann kletterte ich auf den Rücksitz des Humvees. Ich sah Mack nach, bis er im Haus verschwand, aber das war einfach eine Frage der Sicherheit. Ich wollte, dass er heil ankam.

Jon drehte sich um, blickte mich scharf an und ließ dann seine Augenbrauen vielsagend auf und ab wackeln. »Echt jetzt?«

Ich schnitt ihm eine Grimasse. Wieso wurde dieser Mann immer mehr zum nervigen kleinen Bruder, je mehr Zeit ich mit ihm verbrachte? So einer, den man zwar liebt, aber manchmal am liebsten erwürgen würde?

»Was läuft hier eigentlich?«, wollte Donovan wissen, der sich ebenfalls umdrehte, um mich anzuschauen. »Ich hätte schwören können, dass du schon den ganzen Nachmittag mit Mack geflirtet hast. Und der da grinst vor sich hin und macht die ganze Zeit kryptische Andeutungen, dass wir mal reden müssten.«

Jon lachte ein bisschen boshaft, dann fuhr er los.

Danke auch, Jon. Ich hatte das Gefühl, für dieses Gespräch dringend Alkohol zu brauchen, aber dann ergab ich mich tapfer in mein Schicksal und kam zur Sache. »Ja, Bro, es ist so: Ich weiß seit ein paar Monaten, dass ich nicht so ganz straight bin.«

Es war ganz gut, dass Don schon saß, sonst wäre er wahrscheinlich umgekippt. Tatsache war, dass ihm der Mund offen stehen blieb. »Ernsthaft?!«

»Ja. Also, ich glaube, ich bin bisexuell. In Wirklichkeit ist es so, dass Jon mir bestätigt hat, dass ich bisexuell bin. Nur eben mit einer extrem deutlichen Tendenz zu Frauen. Die meisten Kerle interessieren mich einfach nicht.«

Donovan sah mich eine Weile durchdringend an. »Du weißt, dass das für alle in der Familie absolut okay sein wird.«

Ich verdrehte die Augen. »Das ist ja wohl offensichtlich.«

»Wenn es so offensichtlich ist, warum hast du denn nie was davon erzählt?«

»Weil ich erst mal selber damit klarkommen musste. Es war bisher nur ein einziger Typ. Ich dachte, vielleicht ist es so was wie ein Ausrutscher.«

»Bisher, sagst du. Also hast du inzwischen noch einen Mann kennengelernt, den du attraktiv findest.«

Donovan hatte den ersten Schock überwunden und begann jetzt wieder, sein übliches Verhaltensmuster abzuspulen: Er zog mich auf. »Ein gewisser Geisterjäger mit braunen Haaren und Augen etwa?«

»Ist es denn ein Wunder?«, rechtfertigte ich mich. »Er ist so was von süß. Und klein. Genau mein Geschmack.«

»Äh, Augenblick mal«, meldete sich Jon zu Wort. »Mack ist genauso groß wie ich. Das ist durchschnittlich groß für einen Mann. Nicht klein.«

»Er geht mir kaum bis zur Achsel«, stellte ich fest.

»Ja, klar, verglichen mit einem *Riesen* …«, gab Jon zurück.

Na gut. Das stimmte natürlich. »Jedenfalls, ja, ich finde ihn gut. Was ich bisher von ihm gesehen habe, gefällt mir. Ich habe mich bereit erklärt, probeweise sein Anker zu sein, solange wir hier sind. Er braucht wirklich sehr dringend einen, und ich dachte, es wäre bestimmt eine gute Übung für mich.«

Donovan schaute komischerweise seinen Partner an und sagte trocken: »Mack hat seinen Beschützerinstinkt angeknipst, stimmt's?«

»Und wie«, antwortete Jon genauso trocken.

Ich schnaubte. »Als ob du besser wärst, Don. Ich erinnere mich noch genau daran, wie du geredet hast, als du den da zum ersten Mal getroffen hast.«

»Ich meine ja nur.« Donovan legte dramatisch die Hand aufs Herz. »Ich bin froh, dass du es mir endlich erzählt hast, Brandon. Ernsthaft. Alle haben schon vermutet, dass bei dir was im Busch ist, aber keiner wusste, was los war. Jon hat gemeint, wir sollen uns keine Sorgen machen, dass du nur etwas mit dir ausmachen müsstest.«

Ich war Jon etwas schuldig. »Ich bin erst seit kurzer Zeit richtig im Reinen mit mir. Ich rufe heute noch Mom und Dad an und spreche mit ihnen, damit sie wissen, was los ist. Und dann muss ich euch noch was fragen … Ist mir ein bisschen peinlich …«

»Schieß los!«, sagte Donovan ermutigend.

»Es ist so: Ich habe wirklich keine Ahnung, wie man eigentlich mit einem Mann flirtet. Ich meine, wie zum Teufel …?«

»Ah.« Donovan ging buchstäblich ein Licht auf. »Ja, es ist ein bisschen anders. Also, so sehr nun auch wieder nicht. Ich meine, Dating ist Dating. Aber es gibt kleine Unterschiede. Ich kann dir Tipps geben. Aber mit Mack scheint es ja schon ganz gut zu klappen.«

Das hörte ich gern.

»Moment mal.« Jon hielt an einer roten Ampel und sah uns beide streng an. »Brandon hat Mack heute kennengelernt. Willst du dich jetzt schon um ihn bemühen? Am ersten Tag?«

Was meinte er denn damit? »Ich weiß doch schon, dass ich mich zu ihm hingezogen fühle. Er ist ein toller Typ. Wir haben mindestens zwei Dinge gemeinsam. Das ist doch grünes Licht auf allen Ebenen. Soll ich vielleicht zögern, bis die Gelegenheit verstrichen ist?«

»Ihr Havilis. Ihr lasst wirklich nichts anbrennen«, bemerkte Jon kopfschüttelnd und gab wieder Gas.

»Du kanntest mich gerade mal fünf Minuten und wusstest schon, dass du mit mir zusammen sein wolltest«, warf Donovan ein, den Jons Einwand zu amüsieren schien.

»Das ist was anderes. Ich habe ja alles gesehen, was ich wissen musste.«

»Und gibt es etwas, das Brandon über Mack wissen sollte? Etwas, das dagegen spricht, dass sie sich näherkommen?«

»Nein, das nicht.« Jon machte eine wegwerfende Geste. »Also gut, ihr habt gewonnen. Du kannst ihn daten, Brandon.«

Ich lehnte mich zufrieden zurück. »Das habe ich auch vor.«

Kapitel 6

MACK

Ich war noch etwas benommen, als ich ins Haus ging. Die Kraft von Brandons Lächeln hatte mich in einen Hormonsturm versetzt, und das Angebot, für ein paar Tage mein Anker zu sein, klang in meinen Ohren nach. Aus irgendwelchen Gründen war es mit dem Halleluja aus Händels »Messias« unterlegt. Ob ich wirklich endlich einmal Glück im Leben hatte? Oder gar das, was wir auf Kreolisch *lagniappe* nannten? Das Universum hatte mir einen kleinen Bonus geschenkt, und zwar in Gestalt von Brandon Havili.

Hannah saß noch lesend im Wohnzimmer, als ich eintrat. Natürlich. Sie hatte ein Händchen dafür, mich abzupassen, wenn ich gerade nicht ganz bei mir war. Prüfend betrachtete sie mich über den Rand ihrer Lesebrille hinweg und schien sich auf das, was sie sah, ihren eigenen Reim zu machen. »Soso. Abendessen mit den Kollegen, hattest du gesagt?«

Ihr spitzer Tonfall ließ mich erröten. »Es war wirklich ein Abendessen mit den Kollegen.«

»Du willst mir wohl einen vom Pferd erzählen, mein Junge.«

»Nein, genau so war's. Kann ich was dafür, dass der eine Kollege so sexy wie die Sünde selbst ist und dass er mir angeboten hat, die nächsten Tage mein Anker zu sein? Und dass er mich nach Hause gefahren hat, damit ich keinen Unfall baue? Und dass ich am liebsten an ihm hochklettern und ihn ablecken würde?«

Hannah legte sofort ihr Buch beiseite und zeigte auf den Sessel neben ihrem. »Einzelheiten, Mack. Wie sexy ist ›sexy wie die Sünde selbst‹ genau?«

»Auf einer Skala von eins bis zehn ist er eine Zwanzig. Sein Bruder sieht auch gut aus, aber den finde ich ein bisschen unheimlich.« Ich war nicht ganz sicher, warum. Vielleicht wegen der Narben? Unter Jacke und Pullover hatte ich nicht viel davon erkennen können, nur ein paar Spuren am Hals. Irgendetwas an dem Mann war wie eine Warnung an meinen Überlebensinstinkt. Wenn ich ihm in einer dunklen Gasse begegnet wäre, hätte ich versucht, so schnell wie möglich abzuhauen, da ich gegen ihn nicht den Hauch einer Chance gehabt hätte. Aber ich hatte auch gemerkt, dass er einen übergroßen Beschützerinstinkt hatte. Und seine Augen nahmen quasi Herzform an, wenn er Jon anschaute.

Ich setzte mich also zu Hannah und versuchte, meine konfusen Gedanken in Worte zu fassen. »Er heißt Brandon Havili. Wahrscheinlich lernt ihr ihn morgen kennen, denn wir sind zum Frühstück verabredet. Hast du schon mal jemanden getroffen, der einfach automatisch Rücksicht auf die Menschen in seinem Umfeld nimmt? Das ist Brandon. Und er hat ein total schönes Lächeln. Ein Sonnenschein.«

Sie hörte mir zu, wie sie es immer tat. »Und warum hat er angeboten, dein Anker zu sein, solange er hier ist?«

»Ich habe gar nichts gesagt. Er hat einfach eins und eins zusammengezählt und gleich kapiert, dass es keine besonders gute Idee ist, wenn ich Auto fahre. Es war sein Vorschlag. Er wird gerade zum Anker ausgebildet und meinte, dass es eine gute Übung für ihn wäre, aber …« Ich beugte mich vertraulich zu ihr und versuchte, nicht vor Freude zu glucksen. »Jon, das Medium? Er hat angedeutet, dass ich ruhig mit ihm flirten soll, weil Brandon empfänglich dafür sein würde. Und das hab ich dann ausprobiert, und Brandon ist voll darauf eingegangen.«

»Also ist er interessiert.« Hannah legte nachdenklich den Finger ans Kinn und kniff die Augen zusammen. »Warum hat ihn das FBI zum Ankerkandidaten auserkoren?«

»Ah, das weiß ich noch nicht ganz genau. Jon sagt, dass er etwas damit zu tun hat. Er hat Brandon dafür empfohlen. Anscheinend hatte ein anderer FBI-Agent Brandon schon kennengelernt – jemand namens Marc? Klingelt da etwas bei dir?«

»Der einzige Paranormale beim FBI mit diesem Namen ist Marc Gonzalez, soviel ich weiß. Er ist eine echte Granate. Ein guter Mann.«

»Sieh an. Also, dieser Marc kannte Brandon auch schon irgendwoher. Als Jon meinte, dass er gut ins Team passen würde, fühlte Marc sich anscheinend bestätigt und ist sofort losgezogen, um ihn zu rekrutieren. Was er vorher gemacht hat, weiß ich nicht genau.« Das zu fragen, hatte ich ganz vergessen. Vielleicht konnte ich es morgen früh irgendwie ins Gespräch einflechten.

»Was ist denn Jons Spezialisierung?« Hannah klang wie eine Lehrerin, die einem Schüler auf die Sprünge hilft und Fragen stellt, die er eigentlich schon hätte beantworten müssen.

»Er liest die Energiebahnen von Personen, und zwar erschreckend gut. Seine Augen sind der Hammer. Ich glaube, er kann die gesamte Geschichte eines Menschen auf einen Blick sehen.« Bei mir war ihm das jedenfalls gelungen.

»Du hast also von einem Medium, das Auren liest, den Tipp bekommen, mit Brandon zu flirten, der in der Ausbildung zum Anker steckt, und du hast dir nichts dabei gedacht?«

Die Erkenntnis dämmerte mir langsam. Ach du Scheiße. Ach du Scheiße!

»Mein Junge, ich hab dich wirklich lieb, aber manchmal bist du ein bisschen langsam«, bemerkte Hannah mit mitleidigem Blick.

Ich hatte das Gefühl, meinen Kopf eine Weile zwischen die Knie stecken zu müssen, bis meine Lunge wieder richtig arbeitete. Erst beim dritten Versuch bekam ich meinen Unterkiefer wieder unter Kontrolle, und ich krächzte mühsam: »Können Medien auch sehen, ob man kompatibel ist oder nicht?«

»Normalerweise nicht. Aber sie sehen Absichten, sexuelle Orientierung, und die Persönlichkeit können sie auch erkennen. Ich denke, sie können ziemlich gut einschätzen, ob zwei Menschen zueinander passen würden.«

Ja, okay. Für dieses Gespräch würde ich Alkohol brauchen. Das war mir vorher nicht klar gewesen, aber jetzt wusste ich es.

Auf Hannahs Gesicht machte sich ein hoffnungsvoller Ausdruck breit. »Wenn du auf ihn gehört hast, heißt das denn, dass du dich jetzt nicht mehr dagegen sträuben wirst, einen Anker zu bekommen?«

Und damit hatte sie meiner aufkeimenden Euphorie einen Eimer kaltes Wasser übergekippt. »Hannah. Es ist ja nicht so, dass ich mir keinen wünsche, es ist nur …«

Sie seufzte ungeduldig. »Ich könnte deiner Mutter wirklich den Hals umdrehen. Warum sie so lange gewartet hat, bis sie dich hat testen lassen, wo alle Zeichen doch schon darauf hindeuteten, werde ich nie verstehen. Du hättest nicht deine gesamte Kindheit über allein damit sein sollen und dich ohne Unterstützung durchschlagen müssen. Wenn sie dich schon als Teenager zu uns geschickt hätte, wie es sich gehört hätte, dann hättest du heute nicht diese dumme Vorstellung im Kopf, allen nur zur Last zu fallen.«

Ich zuckte zusammen. Das traf den Nagel mehr oder weniger auf den Kopf. Während meiner gesamten Kindheit hatte es dauernd Klagen gegeben. Mack war komisch. Man konnte Mack nicht mit in die Öffentlichkeit nehmen, weil man nie sicher sein konnte, was er anstellen würde. Mack nahm wahrscheinlich Drogen und halluzinierte deswegen ständig. Ich war peinlich gewesen, und alle in meiner Familie außer meiner Mutter hatten das immer wieder sehr deutlich gemacht.

Es war schwer, absurd schwer geradezu, diese kindliche Konditionierung abzulegen. Vernünftig betrachtet wusste ich natürlich, dass es falsch gewesen war, mich so zu behandeln. Aber ich vermied es trotzdem immer noch weitgehend, mit anderen in die Öffentlichkeit zu gehen, damit sie sich nicht für mich schämen mussten. Ich versuchte, meine Angelegenheiten selbst im Griff zu haben. Mich nie auf andere verlassen zu müssen, einfach weil es keinen gab, auf den ich mich verlassen konnte.

Hannah formulierte die Frage anders. »Hast du deine Meinung geändert, jetzt, wo du Brandons Angebot angenommen hast?«

»Ich wünsche mir ja einen Anker. Ich dachte einfach immer, dass es nicht machbar wäre.« Ich hatte das Gefühl, das zuerst klarstellen zu müssen. »Ich habe meine Meinung nicht geändert. Brandon ist einfach nur die Ausnahme von der Regel. Er mag Geister, damit fängt's schon mal an. Er kann es kaum erwarten, welche zu sehen. Und er hat freiwillig angeboten, mehr Zeit mit mir zu verbringen, obwohl er genau weiß, was ich tue. Was ich bin. Es ist eine einmalige Gelegenheit. Außerdem ist der Kerl wie gesagt Sex auf zwei Beinen. Wenn ich das Angebot ausschlagen würde, ihn näher kennenzulernen, sollte ich offiziell für verrückt erklärt werden.«

»Wusste ich's doch, dass du nicht ganz zurückgeblieben bist.« Hannah nickte zufrieden. »Lädst du ihn irgendwohin ein, oder machst du ihm selber Frühstück?«

»Ich koche natürlich selber. Damit werde ich mehr Punkte sammeln.« Ganz zu schweigen davon, dass Restaurants für mich kompliziert waren.

»Woran hast du gedacht?«

Mir war klar, dass die alte Weisheit mit der Liebe, die durch den Magen ging, stimmte. Ich hatte Brandon essen sehen, also wusste ich, dass ich auf jeden Fall genug machen musste. »Ich dachte, vielleicht ein traditionelles Südstaaten-Frühstück? Biscuits, Sausage Gravy, Spiegelei und etwas Obst? Was haben wir denn da?«

»Dafür ist alles im Haus. Aber der Abwasch steht auch noch da.«

Na, das kam ja wohl nicht infrage, ihn in eine dreckige Küche einzuladen. Ich wollte schließlich Eindruck machen. Im Aufspringen sagte ich: »Ich schaue kurz nach den Zutaten und mache schnell die Küche sauber, bevor ich ins Bett gehe.«

»Du solltest mehr Dates haben, wenn dann immer mein Haus geputzt wird!«, rief Hannah mir mit einem Kichern nach.

Sollte ich einwenden, dass es gar kein echtes Date war? Nein. Das morgige Frühstück war ein waschechtes Date, wenn es nach mir ging. Und das tat es.

*

Das Geheimnis guter Biscuits ist, den Teig nicht zu stark zu kneten. Bei Brötchen zum Beispiel muss der Teig gut durchgeknetet werden. Das ist bei Biscuits nicht so. Man fügt alles locker zusammen und vermischt es nur ganz schnell, dann sticht man den Teig in Portionen ab und gibt ihn in eine gut eingefettete gusseiserne Form. Meine Maman hatte es mir von Kindesbeinen an beigebracht, und es war mir inzwischen in Fleisch und Blut übergegangen.

Ich steckte bis zu den Handgelenken im Teig, als in meiner Gesäßtasche das Handy klingelte. Fluchend wischte ich eine Hand ab und nahm den Anruf an, bevor die Voicemail ansprang. »Hey, Brandon.«

»Morgen«, schnurrte er mir sanft ins Ohr. Es klang so, als sei er gerade aufgewacht und erst teilweise funktionsfähig. »Wo treffen wir uns denn zum Frühstück?«

»Wie wäre es, wenn du hier vorbeikommst, und ich koch dir was? Für mich ist Frühstücken im Café nicht ganz so einfach.« Hauptsächlich, weil da so gut wie alles mit Butter zu tun hatte. Butter, alter Schwede – Butter macht mich fertig.

»Ach so, na klar. Milchprodukte. Oh Mann, das muss ja echt nerven, das zu meiden. In Ordnung, ich bin in etwa dreißig Minuten da. Ist das okay?«

»Klingt gut. Bis dann.« Das würde genau hinkommen. Die Biscuits zu backen, dauerte dreißig Minuten, also würde er da sein, wenn ich sie aus dem Backofen holte.

Ich beeilte mich, die Form zu füllen, und schob sie in den Ofen, dann bereitete ich die Sausage Gravy zu. Das Obst hatte ich schon aufgeschnitten und in Glasschüsseln auf den Tisch gestellt. Auf der hinteren Herdplatte hatte ich noch schnell ein paar Hash Browns aus Kartoffeln aufgesetzt, da mir auf einmal Zweifel gekommen waren, ob Biscuits und Spiegeleier und ein bisschen Obst auch reichen würden. Die Eier würden natürlich nur fünf Minuten dauern.

Beau kam in die Küche geschlendert und schnupperte. »Meine Güte, bin ich etwa in der Zeit zurückgereist und stehe wieder bei meiner Mama in der Küche? Wieso hast du so etwas bloß bisher nicht gekocht, Mack?«

Hannah war ihm anscheinend auf dem Fuß gefolgt, denn ich hörte sie sagen: »Oh, das ist nicht für uns. Er bekommt gleich Herrenbesuch.«

Beau hob die buschigen weißen Augenbrauen. »Ist das wahr?«

»Ein Herr, den das FBI zum Anker ausbildet«, fügte Hannah hinzu. Weil sie eine garstige Hexe war und gerne Unruhe stiftete.

»Brandon Havili? Dieser Herr?« Beaus Augenbrauen blieben oben. »Und wieso weißt du das eigentlich alles?«

»Weil ich wach geblieben bin und mit ihm gesprochen habe.« Sie segelte an ihm vorbei wie die Königin, die sie war, und beugte sich über meine Gravy. »Wie machst du das denn, so ohne Butter?«

»Hab das Bratfett von der Wurst benutzt«, erklärte ich unter Rühren.

»Du bist ein geschickter Koch, das muss ich dir lassen. Keine Sorge, Mack. In ein paar Minuten sind wir hier raus. Wir wollen dir nicht im Weg sein.« Sie tätschelte beruhigend meinen Arm.

Es wäre sicher höflich von mir gewesen, zu sagen, dass sie total gern in ihrer eigenen Küche bleiben konnten, aber um die Wahrheit zu gestehen, wollte ich sie tatsächlich lieber loswerden. Denn sie hatte recht. Sie wären mir im Weg.

»*Merci*, Hannah.«

Hannah schob Beau mit beiden Händen auf dem Rücken zur Tür hinaus. »Aber … aber Biscuits!«, jammerte er.

»Ich mache dir morgen noch mal welche«, versprach ich, während ich mir das Lachen verkniff.

»Vielleicht bleiben ja welche übrig«, tröstete ihn Hannah, während sie ihn weiter nach draußen schob.

Da Brandon zum Essen kam, bezweifelte ich das stark, aber ich war schlau genug, es nicht auszusprechen.

Für Besuch zu kochen, ist nicht einfach. Laut Murphy's Law wird das Essen nie so gut wie sonst, auch wenn es ein Rezept ist, das man im Schlaf beherrscht. Da Murphy immer mein Schutzengel war, passte ich an diesem Tag besonders gut auf, um alles so lecker wie irgend möglich zuzubereiten. Außerdem trug ich eine riesige Schürze, um meinen Pullover zu schützen, denn ich wollte genauso lecker aussehen wie das Essen. Prioritäten, wie man sich sicher denken kann.

Brandon klopfte genau dreißig Minuten später. Ob er immer so pünktlich war? Ich ließ ihn lächelnd herein. Wunderbarerweise hatte ich alles außer den Biscuits fertig, und es war nichts angebrannt.

Er begrüßte mich mit seinem typischen Lächeln. Seine Zähne leuchteten weiß gegen die kupferfarbene Haut, und ich hätte ihn am liebsten sofort abgeknutscht. Aber sachte, sachte. »Guten Morgen. Komm rein. Dein Timing ist super.«

»Hier riecht's ja absolut genial.« Er trat ein, legte Jacke und Handschuhe ab, und seine Nasenflügel vibrierten wie bei einem Schweißhund, der eine Fährte wittert. »Wow. Was erwartet mich denn hier Tolles?«

»Biscuits, Sausage Gravy, Hash Browns, Spiegelei und Obst«, zählte ich auf, nahm seine Jacke und hängte sie auf. »Wenn du die Eier lieber anders möchtest, sag Bescheid. Ich kann dir auch Rührei machen.«

»Es klingt alles großartig.«

Mein Wecker am Backofen klingelte, weil die Biscuits so weit waren, und ich schob Brandon zur Sitzecke neben der Küche, bevor ich sie aus dem Ofen nahm. Sie waren braun und knusprig und ließen sich leicht aus der Form und auf einen Teller schieben. Mit einem zweiten Teller drehte ich sie noch mal mit der richtigen Seite nach oben, dann brachte ich sie zum Tisch und legte auch ein Buttermesser dazu, damit wir sie auseinanderschneiden konnten. Sie waren zusammengebacken, wie es bei Biscuits immer passiert.

Brandon setzte sich hin und betrachtete genüsslich lächelnd das Essen.

»*Bon appétit!*«, sagte ich ermunternd.

Er bediente sich und begann lächelnd zu essen. »Ich war nicht sicher, wie es ohne Milchprodukte und Butter schmecken würde, aber man merkt überhaupt keinen Unterschied!«

»Ich habe einen Butter-Ersatz, der fast genau wie Butter schmeckt. Das ist selten bei den milchfreien Produkten, aber das Zeug ist richtig klasse. Möchtest du Kaffee?«

Er winkte ab. »Bleib sitzen, bleib sitzen. Ich habe meine Koffeindosis schon intus. Hmm, ist das lecker, Mack. Wirklich gut.«

Phase eins der Aktion »Brandon für mich gewinnen« war ein Erfolg. Vielleicht war ich ein bisschen selbstzufrieden, als ich mich setzte und auch mir eine Portion zurechtmachte. Es war viel befriedigender, ihm beim Essen zuzusehen, als selbst zu essen.

Während er es sich schmecken ließ, brachte ich ihn auf den neuesten Stand. »Ich habe den Geisterjägern eine Nachricht geschrieben. Sie sind gestern Abend spät angekommen, sind jetzt aber halbwegs wach. Sie wollen sich heute Vormittag mit uns treffen, um sich erklären zu lassen, wo sie Kameras aufstellen können und wo die Hotspots sind. Anscheinend haben sie gar nicht so wenig Ausrüstung. Ich habe ihnen wegen Jon Bescheid gegeben, aber sie sagten, ein Teil der Ausrüstung sei mit EMP-Schutzschild ausgestattet, damit die Geister sie nicht entladen.«

Brandon unterbrach sich, die Gabel in einem Biscuit. »Geister entladen elektronische Geräte?«

»Geister haben kaum eigene Energie«, erklärte ich. »Wenn sie erscheinen wollen oder etwas Bestimmtes tun wollen, zapfen sie Batterien an. Das ist zwar ein gutes Anzeichen dafür, dass man einen Geist im Umfeld hat, aber es ist nicht gut für die Ausrüstung und macht es schwieriger, Aufnahmen davon zu bekommen.«

»Das kann ich mir vorstellen. Die haben also schon ihre eigene Abschirmung.«

»Der Chef der Gruppe, Dave heißt er, meint, er würde uns gerne die Ausrüstung zeigen und unsere Meinung dazu hören, bevor sie einen konkreten Plan machen.«

»Schlau von ihm. Das geht klar.«

»Ich wollte dich übrigens noch über deinen Background ausfragen. Was hast du eigentlich gearbeitet, bevor das FBI dich rekrutiert hat?«

»Das kann ich dir sagen: Ich war beim SWAT-Team der Polizei in Denver.«

Die Antwort wunderte mich etwas. Es war einerseits unerwartet, andererseits passte es auch zu ihm. Er hatte den Körperbau eines Kriegers. »Ist das nicht eine ganz schöne Kehrtwende, von der SWAT-Einheit zum Geisterbändiger?«

»Du bist nicht der Erste, von dem ich das höre. Im SWAT-Team hat es mir Spaß gemacht, versteh mich nicht falsch. Türen eintreten und Gebäude stürmen war ein super Adrenalinkick. Aber es ... wurde da dann unangenehm für mich.« Brandon sah mich prüfend an, dann spuckte er es einfach aus: »Mir ist vor etwa acht Monaten klar geworden, dass ich bisexuell bin. Und meine Arbeitskollegen haben das nicht gut aufgenommen.«

KAPITEL 7

BRANDON

Eine Sache, die meine Geschwister schon immer an mir aus-
zusetzen gehabt hatten, war meine Offenherzigkeit. Ich zog
es nun mal vor, meine Karten gleich auf den Tisch zu legen,
um zu sehen, woran ich mit jemandem war. Für langsames
Kennenlernen hatte ich nie genug Geduld. Davon fühlten
sich Leute oft vor den Kopf gestoßen, aber mir war es lieber,
gleich zu wissen, was eine Person dachte, bevor ich Zeit in-
vestierte, um mich anzufreunden. Wenn wir unterschiedli-
che Werte hatten, war es mir lieber, das frühzeitig zu wissen.

Mack war schwul, dieses kleine Detail hatte Jon gestern
Abend schon erwähnt. Nicht, dass ich es nicht auch mitbekommen hatte – ich hatte also keine negative Reaktion
erwartet. Aber ich wollte doch sehen, wie er auf meine Information reagieren würde.

Ich hatte ihn auf jeden Fall überrascht. Er blinzelte mich
verblüfft an, dann sagte er: »Wow. Sie haben dir ernsthaft
deswegen Probleme gemacht? So sehr, dass du lieber gegangen bist?«

Die Anspannung in meinen Schultern ließ nach. »So
war's. Gut, manche fanden es auch okay. Aber andere … Ist
schon komisch, wie einem eine Handvoll Leute ein ganzes
Umfeld vermiesen kann.«

»Das kann ich total gut verstehen. Und? Haben sie dir
erzählt, dass es nur eine Phase ist? Dass kein Mensch in

deinem Alter noch eine sexuelle Identitätskrise bekommt, oder so 'n Scheiß?«

»Das hab ich mir einige Male angehört, ja.« Es war mit ein Grund dafür gewesen, dass ich selbst solche Schwierigkeiten gehabt hatte, damit klarzukommen. Was, wenn sie recht hatten? Ich hatte ja nur einen einzigen Kerl attraktiv gefunden. Nein, es war ihre Reaktion auf alles, was nicht hetero war, die mich abgestoßen hatte. Selbst wenn ich doch nicht bisexuell gewesen wäre, hätte ich es nicht gut aushalten können, dass sie so dagegen waren.

»So was wird dir beim FBI schon mal nicht passieren«, sagte Mack entschieden. »Die haben noch nicht mal gezuckt, weil ich schwul bin.«

»Das hab ich mir schon gedacht. Ich meine, Marc und Javier sind ja ein guter Anhaltspunkt. Und sie haben den Versuch immer noch nicht aufgegeben, Jon und Donovan zu rekrutieren. Jedenfalls bin ich sicher, dass ich diesen Job viel lieber machen werde. Jeden Tag mit Geistern spielen? Wie cool ist das denn?«

Mack grinste mich an, genau wie ich es erwartet hatte. »Ich bin wirklich begeistert, mit dir zusammenzuarbeiten, genau deswegen. Du liebst das Okkulte. Extrem viele Menschen finden das superschräg. Sogar die, denen Geister-Shows Spaß machen, möchten lieber nicht live dabei sein, wenn es dann wirklich spukt.«

»Ich weiß, was du meinst.« Ich aß weiter, denn das Essen war unglaublich gut. »So, dann erkläre mir doch mal, was ich als dein Anker genau zu tun habe.«

»Hauptsächlich zwei Dinge. Erstens an meiner Seite bleiben und zweitens mir Leute vom Hals halten, wenn es nötig ist.« Mack hielt beim Essen inne und gestikulierte mit einer Hand. Das tat er oft. Ob er noch sprechen könnte, wenn man ihm die Hände auf den Rücken band? »Du weißt ja, dass Geisterseher manchmal nicht zwischen lebenden Personen und Geistern unterscheiden können und dass Autofahren nicht einfach für uns ist. Tja, bei mir ist das permanent so, auch wenn ich zu Fuß unterwegs bin. Manchmal verliere ich das Gefühl für meine Umgebung etwas, wenn ich mich mit einem Geist unterhalte oder wenn mir etwas auffällt, das nicht in Ordnung ist, und ich der Sache gleich nachgehe. Das passiert vielen Geistersehern. Und dann laufe ich gegen Dinge. Oder Menschen. Türen. Manchmal Wände.«

Ich versuchte, mir das Lachen zu verkneifen. »Wände, sagst du?«

»Für Geister ist so'n Zeug wie Türen oder Wände ja kein Hindernis«, murmelte er, während seine Wangen sich röteten. »Und wenn man mit ihnen irgendwo herumläuft und sich mit ihnen unterhält und sie dabei eine Wand durchqueren, merkt man es manchmal erst, wenn es zu spät ist.«

Oh nein. Und ich dachte immer, Jon hätte kein gutes situatives Bewusstsein. »Und warum hast du dann bei meinem Bruder Salz auf die Fensterbretter und Türschwellen gestreut?«

»Nur weil Geister durch Wände gehen können, heißt das ja nicht, dass sie es auch tun. Sie behalten größtenteils die Gewohnheiten bei, die sie als lebende Menschen schon hatten. Wenn man den Zugang versiegelt, ist das so eine Art Hinweis, dass sie draußen bleiben sollen. Normalerweise respektieren sie das auch. Beau hat gesagt, dass er während seiner gesamten Karriere nur eine Handvoll Male einen ganzen Salzkreis um sich streuen musste, weil der Geist so darauf erpicht war, zu ihm zu gelangen.«

»Gut zu wissen. Okay, ich hab dann also ein Auge auf dich. Was bedeutet ›dir Leute vom Hals halten‹?«

»Normalerweise sehen die Menschen nicht, was ich tue. Wenn der Geist sehr schwach ist und jemand einfach durch ihn hindurchläuft, kann das seine Energie so zerstreuen, dass der Geist sich vorübergehend auflöst. Das ist nervig, weil ich dann warten muss, bis er sich wieder materialisiert und ich von vorne anfangen kann. Und sie sind ja auch nicht alle nett. Wenn ein gefährlicher Geist in der Nähe ist, muss manchmal schnell der Raum frei gemacht werden, damit niemand ins Kreuzfeuer gerät.«

Das ernüchterte mich. »Und wie oft bist du dabei schon verletzt worden?«

»Ach, das sind meist nur Kratzer und Beulen.« Er tat es ab, als wäre es nichts. »Ich habe noch nie ernsthafte Verletzungen davongetragen.«

Ich hatte das dumpfe Gefühl, entweder angelogen oder abgelenkt zu werden. Es gab da etwas, das er mir nicht verriet. Aber ich konnte ihn zwei Tage nach dem Kennenlernen noch nicht unter Druck setzen. Daher verkniff ich mir weitere Fragen. Vorläufig jedenfalls. »Okay. Also nur diese beiden Aufgaben?«

»Mehr oder weniger. Du bist meine Rückendeckung. Ist das bei einem Medium so ähnlich?«

»Ja und nein. Es gibt einige Gemeinsamkeiten, soweit ich das beurteilen kann. Aber Jon hat auch von Anfang an zu verstehen gegeben, dass er anders ist als andere Medien. Ich sollte bei den beiden hospitieren, weil Donovan eigentlich den Job eines Ankers bei einem Geisterseher macht.«

»Ach. Das ist ja interessant. Ich würde Jon gerne mal in Ruhe ausfragen, über all das, was er kann.«

»Das erzählt er dir bestimmt gerne. Du wirst dann zwar drei Tage lang geschockt sein, aber er wird's dir sagen.«

»Ich hatte das Gefühl, dass er sehr unverblümt und direkt sein kann.«

»Ja, er kann zwar auch taktvoll sein, aber unverblümt ist er auf jeden Fall. Darum mag ich ihn auch, unter anderem.« Beim Blick auf meinen Teller stellte ich fest, dass ich bis auf eine einzelne Erdbeere alles verputzt hatte. Wie hatte ich das denn geschafft?

Anscheinend konnte Mack Gedanken lesen, denn er bot unschuldig an: »Auf dem Herd stehen noch mehr Biscuits und Gravy.«

»Du bist mein neuer Lieblingsmensch«, teilte ich ihm fröhlich mit.

*

Mit vollen Bäuchen verließen wir etwas später das Haus. Mack war offensichtlich nicht mehr gefahren, nachdem ich ihn nach Hause gebracht hatte, denn ich musste weder Sitz noch Spiegel verstellen. Während ich aus der Einfahrt zurücksetzte, fragte ich sicherheitshalber: »Was ist mit unserem Geist?«

»Den habe ich bei mir«, gab Mack zurück und tätschelte die Tasche zu seinen Füßen. »Sie mag die Schneekugel wirklich gern. Möchte eigentlich nicht rauskommen. Aber sie hat auch gesagt, dass sie bereit für das Jenseits ist. Es wird eine gute Gelegenheit sein, die Ausrüstung der Geisterjäger zu testen, denke ich. Wenn sie es schaffen, Filmaufnahmen von ihr zu machen, haben sie eine gute Chance, bei ihrer Jagd noch mehr zu erleben.«

»Das, und sie wollen wahrscheinlich auch gerne sehen, was du machst.«

»Das auch.«

»Und nichts davon ist geheim?«

»Nö. Die Methoden sind nicht auf dem Mist des FBI gewachsen, sondern seit Jahrhunderten von einer Generation zur nächsten überliefert. Das Dokumentieren könnte sogar sein Gutes haben. Die Menschen haben eine Menge falsche Vorstellungen davon, was es bedeutet, wenn ein Geist ins Jenseits übergeht.«

»Das stimmt.« Für mich galt das Gleiche: Ich hatte keine Ahnung, was mich erwartete.

Macks Handy klingelte, und er nahm den Anruf an – in einer Sprache, die ich noch nie gehört hatte. Das war dann vermutlich Kreolisch. Er lächelte, und in seiner Stimme schwang Zuneigung mit, auch wenn er einmal übertrieben seufzte. »*Maman.*«

Die helle Stimme einer Frau sprach wie ein Wasserfall, und der Ton wurde zusehends hitziger.

»*Ça va*«, versuchte Mack es noch mal, jetzt entschlossener. »Maman, das werde ich nicht. Ich kann mir doch nicht aussuchen, wo ich hinkomme. Das FBI versetzt uns.«

Das war wohl nicht das, was sie hören wollte. Interessant, was man aus dem Tonfall alles herauslesen konnte, auch wenn man kein Wort verstand.

Mack hielt mit einer langen Reihe etwas kehlig klingender Silben dagegen, dann verstummte er abrupt und zog eine Grimasse. »Na gut. Du glaubst mir nicht? Ich beweise es dir. Brandon, sag Hallo zu meiner Mutter.«

Ich warf ihm einen Seitenblick zu und hob die Stimme, damit sie mich trotz der Fahrgeräusche hören konnte. »Hallo, Mrs Lafayette. Mein Name ist Brandon Havili.«

»Oh. Na so was«, antwortete sie verlegen. »Ich dachte, mein Sohn erzählt mir Märchen. Sind Sie wirklich sein Anker?«

»Ja, Ma'am, zumindest während dieses Einsatzes. Wenn er mich mögen sollte, darf er mich aber behalten«, fügte ich dann hinzu, nur um zu beobachten, wie Mack sich wand. Das tat er, dann wurde er rot und konnte mir nicht mehr in die Augen schauen. Ich hatte den Impuls, ihn zu piken. Und zu küssen. Aber da ich ja am Steuer saß, sollte ich mich wohl besser auf den Verkehr konzentrieren.

Mack räusperte sich und sagte: »Siehst du, Maman? Jetzt habe ich wirklich keine Zeit mehr. Wir sind fast da. Ich rufe dich später zurück.«

Es waren noch gut fünf Minuten Fahrt bis zum Hotel, und ich fand es amüsant, dass er es so eilig hatte, sie loszuwerden. »Es klang, als würdet ihr über etwas streiten.«

»Meine Mutter«, erklärte Mack stöhnend und ließ sich in den Sitz sinken. »Sie ist der Typ von Mutter, der gerne alle Kinder in der Nähe haben will. Keins meiner Geschwister ist weiter weggezogen als zwei, drei Straßen. Darum hat sie es auch so lange hinausgezögert, mich testen zu lassen. Sie wusste genau, dass ich woanders hingehen würde, um meine Ausbildung zu machen, und dass ich dann auch nicht so bald wiederkommen würde.«

Darüber hatte ich schon nachgedacht. »Und jetzt bist du fast fertig, also will sie, dass du bald zurück nach Hause kommst?«

»So sieht's aus. Aber ich habe null Lust, nach Opelousas zurückzuziehen. Ich habe jetzt einen Blick auf den Rest der Welt erhaschen können und würde gerne mehr davon erleben. Sie hält dagegen, dass es nicht sicher ist, wenn ich alleine herumziehe. Danke also, dass du mit ihr gesprochen hast. Das hat ihr etwas den Wind aus den Segeln genommen.«

Ich wurde das Gefühl nicht los, dass da eine Menge Hintergrundinfo fehlte. Wie hart war seine Kindheit eigentlich gewesen, so tief im Bible Belt? Ein schwuler Geisterseher konnte dort kaum besonders willkommen gewesen sein. Seine Mutter wollte ihn gerne wieder zu Hause haben — aber es sprach Bände, wie entschlossen er sich dagegen gesträubt hatte. Meine Eltern hatten uns so erzogen, dass wir unabhängig waren und unsere Träume verwirklichten. Aber wenn sie mich bitten würden, nach Hause zurückzukommen, würde ich das ohne Zögern machen. Dass Mack sich weigerte, ließ auf Probleme schließen.

Ich bog auf den Hotelparkplatz ab und gab mir insgeheim das Versprechen, diesem kleinen Rätsel später auf den

Grund zu gehen. Der Parkplatz war geräumt, und es war Salz gestreut worden. Trotzdem gab es ein paar Eisflächen. Ich umrundete das Auto und bot Mack meinen Arm an. »Langsam und sachte. Ich sehe Glatteis.«

Er hielt sich zwar an mir fest, sagte aber schnippisch: »Ich bin durchaus in der Lage, allein zu laufen, danke auch.«

»Oh, ich bin nur besorgt um den Geist und die Schneekugel«, gab ich trocken zurück und hielt ihn weiter fest. »Sie ist schließlich zerbrechlich.«

»Soso.« Er glaubte mir ganz offensichtlich nicht, nahm aber trotzdem meinen Arm.

Ich war ein bisschen traurig, als wir durch die Tür waren und ich ihn loslassen musste. Er entfernte sich aber nicht besonders weit, sondern lief so dicht neben mir, dass unsere Arme sich berührten.

»Morgen«, begrüßte uns mein Bruder, der mit einer Tasse Kaffee in der Hand neben Jon aus dem Speisesaal trat.

»Guten Morgen.« Mack schob diskret die Tasche hinter seinen Rücken. »Ich hoffe mal, ihr hattet keine nächtlichen Besucher.«

»Zum Glück nicht«, antwortete Jon lächelnd. »Ich habe schon gehört, wir treffen gleich den Chef der Geisterjäger. Dave, richtig?«

»Genau. In der Lobby im ersten Stock. Dort wird's dir gefallen, Jon. Keine Elektronik weit und breit.«

»Oh, Gott sei Dank«, sagte Jon inbrünstig.

Wir folgten Mack nach oben in den ersten Stock. Jetzt verstand ich, was er gemeint hatte. Es war kein großer Raum, mehr wie ein Wohnzimmer, mit einer roten, gepolsterten Couch und zwei Clubsesseln. Der Kamin war mit verschnörkelt behauenen Steinen eingefasst, und hinter dem Kamingitter brannte ein Feuer. Es war ein ziemlich gehobenes Hotel, und die architektonischen Details erfreuten mein Auge.

Auf der Couch saßen ein Mann und eine Frau Ende vierzig. Sie standen auf und kamen um den Couchtisch herum, um uns zu begrüßen, wobei sie sich hauptsächlich für Mack zu interessieren schienen.

»Sind Sie Mackenzie Lafayette?«, fragte der Mann mit einem deutlichen Bostoner Akzent. Er trug eine Strickmütze, und ich vermutete, dass er darunter kahl war.

»Der bin ich. Nennen Sie mich bitte Mack. Und Sie müssen Dave sein.«

»Ja. Das ist Marianne. Sie kümmert sich um die Technik. Ich dachte, es ist am besten, sie gleich mitzubringen.«

Marianne lächelte uns charmant an, zog die rechte Hand aus der Tasche ihrer Daunenjacke und streckte sie uns entgegen. »Hallo, Mack.«

»Hallo, Marianne. Ich habe Brandon Havili mitgebracht. Er ist Anker beim FBI und für den Moment mein Partner.«

Ich lächelte und schüttelte beiden die Hand, darum bemüht, Freundlichkeit auszustrahlen. Wenn man so groß ist wie ich, schüchtert man automatisch alle ein, die kleiner sind. Newsflash: Alle sind kleiner als ich.

»Das sind Jonathan Bane, Medium, und Donovan Havili, sein Anker.«

Dave schien es interessant zu finden, zwei Brüder zu treffen, die beide Anker waren, und ich sah ihm an, dass er uns am liebsten ausgefragt hätte. Aber er tat es nicht. »Nett, Sie alle zu treffen. Nehmen Sie Platz, lassen Sie uns einen Plan machen.«

Da es nicht genug Sitzgelegenheiten gab, stellte ich mich neben Macks Sessel. Das störte mich nicht. Donovan stand ebenfalls hinter Jon, den Blick misstrauisch auf Macks Tasche gerichtet. Offenbar hatte er sich zusammengereimt, dass sich die Schneckugel darin befand.

»Dave, Marianne, wie ich bereits am Telefon sagte, ist über Jon ein Geist an mich herangetragen worden«, begann

Mack ruhig und sachlich, an die beiden Besucher gewandt. »Ihr Name ist Emma. Sie hat um Hilfe beim Übertritt ins Jenseits gebeten, denn sie weiß nicht genau, wie sie es allein bewerkstelligen soll. Ich habe mich bereit erklärt, ihr behilflich zu sein. Meine Frage an Sie ist, ob Sie das gerne filmen würden.«

Es war, als hätte Mack ihnen lebenslange Versorgung mit ihren Lieblingssüßigkeiten angeboten.

»Das wäre ja großartig!«, rief Marianne begeistert aus. »Und das wäre wirklich okay?«

»Ich habe Ihrer Anfrage auch deswegen zugestimmt, weil so unglaublich viele falsche Vorstellungen über das Übernatürliche, das uns umgibt, im Umlauf sind. Ich möchte das gerne richtigstellen, so gut ich kann. Das hier würde dabei sicher helfen. Ich habe Emma mitgebracht« – hier warf er Donovan einen entschuldigenden Blick zu –, »damit sie Sie kennenlernen kann, aber auch, um Ihre Ausrüstung zu testen. Wenn Sie die nicht sicher nutzen können oder jetzt irgendwelche Störungen auftreten, wissen wir, dass wir sie entsprechend anders einstellen müssen.«

»Was er meint«, warf Jon ein, mit einer Stimme, so trocken wie ein Martini, »ist, dass es besser ist, gleich festzustellen, ob es zu starke Interferenzen zwischen meiner Energie als Medium oder Emmas Energie und Ihrer Ausrüstung gibt. Sollte das der Fall sein, würde ich mich ausklinken.«

»Ah.« Marianne blickte zu Dave hinüber, der ihr ermunternd zunickte, und sprang auf. »Lassen Sie mich kurz eine Kamera aus meinem Zimmer holen. Bin gleich zurück.«

Als sie weg war, zog Mack vorsichtig die Schneekugel heraus und stellte sie auf den Couchtisch. »Sind Ihre Leute für übernatürliche Schwingungen empfänglich?«

»Einige von ihnen. Andere sind wie ich, und ich bin ungefähr so empfänglich wie ein Ziegelstein.« Dave beugte sich vor und beäugte neugierig die Schneekugel. »Und sie ist wirklich hier drin?«

»Ja, sie findet es dort sehr hübsch. Es macht ihr überhaupt nichts aus, in der Schneekugel zu warten, bis wir so weit sind. Sie können Hallo sagen, wenn Sie wollen.«

»Hallo, Miss Emma«, grüßte Dave höflich. »Es tut mir leid, dass wir Sie warten lassen.«

Mack legte den Kopf schief und hörte zu, dann übermittelte er: »Sie meint, das ist gar nicht schlimm, ihr ist alles erklärt worden. Außerdem sagt sie, Donovan soll sich keine Sorgen machen. Sie möchte dir keine Angst einjagen.«

Donovan starrte die Schneekugel mit gezwungenem Lächeln an. »Ja. Danke. Das ist wirklich sehr rücksichtsvoll.«

Dass mein Bruder nicht schon an der Decke klebte, erstaunte mich wirklich. Wahrscheinlich war das Macks Anwesenheit zu verdanken. Wenn ein Geisterseher dabei war, konnte Donovan absolut nichts passieren.

Marianne brachte nicht nur eine Kamera, sondern auch ein kleines Aufnahmegerät mit. Das stellte sie auf den Tisch und schaltete es an. Dann ließ sie die Kamera laufen, hob sie ans Auge und richtete sie auf die Schneekugel. »Oh mein Gott. Da ist sie ja. Tatsache.«

»Sie können sie sehen?« Ich fand es interessant, dass sie durch die Linse sichtbar wurde.

»Kameras erfassen manchmal mehr als das bloße Auge«, erklärte Dave aufgeregt. Er beugte sich über Mariannes Schulter, um selbst einen Blick auf den Geist zu werfen. »Sie ist eine durchsichtige Energiekugel. Marianne, was macht die Batterie?«

»Läuft. Jon, es scheint nicht so, als ob Sie überhaupt Interferenzen verursachen.«

Jon fing an zu strahlen. »Wirklich? Dann bin ich heute Abend auf jeden Fall dabei.«

»Wir freuen uns, wenn Sie mitmachen«, versicherte ihm Dave ehrlich. »Für uns ist es immer besser, so viele Experten wie möglich bei der Jagd dabeizuhaben. Ah, Donovan – wie ich gehört habe, sind Sie nicht mit von der Partie?«

»Nehmen Sie es mir nicht übel, aber Geister sind einfach nicht mein Fall.« Donovan schüttelte entschieden den Kopf. »Ich wünsche Ihnen viel Spaß. Ich werde mich meinem Buch und den heißen Quellen widmen.«

»In Ordnung. Aber Sie sind dabei, Brandon?«

»Oh, glauben Sie mir – das würde ich um nichts in der Welt verpassen wollen.« Ich hatte Mühe, nicht vor Freude auf der Stelle auf und ab zu hüpfen.

Kapitel 8

MACK

Da ich wusste, dass wir die halbe Nacht aufbleiben würden, machte ich einen Mittagsschlaf. Ich musste wirklich auf Zack sein, wenn wir gefilmt wurden. Außerdem hatte ich, wie schon erwähnt, einen Mann zu beeindrucken. Ich wollte das Hotel ungern verlassen, da so viel los war, also war Brandon so nett, mir sein Zimmer zur Verfügung zu stellen.

Und ja, natürlich war es nicht ganz einfach, in »seinem« Bett in den Schlaf zu finden, keine Frage.

Nach etwa einer Stunde stand ich wieder auf und machte mich ein bisschen frisch. Schließlich wollte ich nicht so aussehen, als wäre ich gerade aus dem Bett gefallen. Viel geschlafen hatte ich zwar nicht, aber manchmal war es auch schon eine Wohltat, still zu liegen und sich auszuruhen.

Ich verließ das Zimmer und machte mich auf die Suche nach den anderen. In etwa drei Stunden würde es dunkel werden, aber für Emmas Übergang ins Jenseits brauchte es nicht stockfinster zu sein. Er würde nur einfacher zu filmen sein, wenn es dunkel war. Sie war so blass, dass man sie im hellen Sonnenlicht kaum sah.

Vorsichtig nahm ich sie in der Umhängetasche mit nach unten. Alles lief wunderbar, bis wir den letzten Treppenabsatz erreicht hatten. Denn jetzt hörte ich plötzlich ein Geräusch hinter mir, etwas, das irgendwie komisch klang, und drehte mich danach um. Im gleichen Moment rutschte ich mit dem Fuß auf der Treppenstufe aus und verlor die Balance. Ich fühlte, wie ich kopfüber fiel, und griff zwar noch nach dem Geländer, aber meine Finger fassten ins Leere.

Im letzten Moment spürte ich, wie mich ein Paar starker Arme buchstäblich im freien Fall auffing und ich an eine harte Brust gezogen wurde. Instinktiv griff ich nach dem Arm, um mich wieder aufzurichten. Es war nicht Brandon, der mich aufgefangen hatte. Er roch nicht richtig – und wie verrückt war das denn? Ich wusste jetzt schon genau, wie Brandon roch!

»Sachte, Mack. Alles okay?«, fragte Donovan, während er mich sanft wieder aufrecht hinstellte.

»Alles bestens«, keuchte ich, noch etwas außer Atem, während mein Gehirn versuchte, auf dem Laufenden zu bleiben. »*Merci*. Gute Reflexe.«

Donovan lächelte mich vorsichtig an. Wie hatte mich dieser Mann nur einschüchtern können? Er war wie ein riesengroßer Teddybär. Ich hatte Lust, seine Wangen zusammenzudrücken. Kein Wunder, dass er so ein toller Anker war, so schnell, wie er mir geholfen hatte.

Jetzt kamen auch Brandon und Jon angelaufen.

»Mack? Alles okay?«, fragte Brandon besorgt.

»Mir geht's gut«, versicherte ich, weil die beiden mich immer noch beunruhigt anstarrten. »Ich dachte nur, ich hätte was gehört, und hab mich im falschen Moment umgedreht. Das passiert.« Oft, um der Wahrheit die Ehre zu geben. Ich war sehr leicht abzulenken. Das hatte mir schon häufig blaue Flecken eingebracht.

Donovan betrachtete die Treppe mit Misstrauen. »Ein Geist?«

Ich schaute mich ebenfalls um. »Nichts zu sehen. Es war ein komisches Geräusch. Aber das Gebäude ist alt. Komische Geräusche sind hier an der Tagesordnung.«

Das schien ihn nicht wirklich zu beruhigen, aber er nickte. Armer Kerl. Das hier war sicher der schlimmste Urlaub, den er sich denken konnte.

»Ist schon alles vorbereitet, Brandon, oder sind sie noch dabei?«

»Sie sind noch dabei, aber es dauert nicht mehr lange. Sie haben am hinteren Pavillon aufgebaut, wie du es wolltest. Ich kann nur hoffen, dass es schnell geht. Es ist arschkalt da draußen.«

In Louisiana wurde es nie so richtig kalt, im Gegensatz zu Arkansas. Vor diesem Winter hatte ich gar keine Erfahrung mit Kälte gehabt, und auch ich war nicht besonders scharf darauf, da draußen zu sein. »Ja, es sollte nicht lange dauern. Na dann. *Allons.*«

»Ich hole mir noch eine wärmere Jacke und komme nach«, erklärte Jon, schon auf dem Weg zur Treppe.

Donovan sagte kein Wort, aber mir war klar, dass er sich in seinem Zimmer verschanzen würde, bis alles vorbei war.

Auf dem Weg zum Hinterausgang zog Brandon eine Flasche aus der Tasche und drückte sie mir in die Hand. »Hier. Ich dachte, du kannst ein bisschen Koffein brauchen.«

Ich nahm die Flasche und riss die Augen auf, als mir klar wurde, was es war. Eine mexikanische Cola. War er ernsthaft losgezogen, während ich geschlafen hatte, um sie für mich zu besorgen? Hier im Hotel gab es die garantiert nicht. Das war ja unglaublich lieb. Am liebsten hätte ich ihn zum Dank geküsst.

Ach, was soll's? Was heißt hier »am liebsten«?

Ich stellte mich auf die Zehenspitzen und gab ihm einen Kuss auf die Wange. »*Merci.*«

Brandon blieb stehen wie angewurzelt, und sein Gesichtsausdruck verriet mir alles, was ich wissen musste. Er war freudig erregt, die Wangen leicht gerötet, er lächelte, und in seinen Augen las ich Appetit. Oh ja, er war ganz klar interessiert. Keine Ahnung, warum er noch nichts unternommen hatte, aber er gab mir alle Signale. Und denen würde ich folgen. Aber so was von.

Erst der Geist. Dann irgendwo knutschen.

»Oh, gut, da sind Sie ja, Mack. Sind Sie so weit?«

Dave war ein netter Kerl. Es war wichtig, das nicht zu vergessen, denn im Augenblick konnte ich ihn nicht ausstehen. Ich wollte Brandon küssen. Ich gab mir einen mentalen Klaps und zwang mich zu einer etwas professionelleren Einstellung. »Hey, Dave. Ja, ich denke, wir sind fertig. Ich habe jedenfalls alles dabei, was ich brauche.«

Dave lief neben uns her hinaus in die eisige Kälte. Ich war wirklich und wahrhaftig froh, dass die Geisterjagd später im Gebäude stattfinden würde. Insbesondere angesichts des Neuschnees, der den Boden bedeckte. War das während meines Schläfchens passiert? Der Himmel war verhangen, aber im Moment fiel kein Schnee.

»Was denn genau?«, erkundigte sich Dave.

»Licht und Überzeugungskraft. Immerhin habe ich einen netten Geist vor mir. Bei bösen Geistern ist es etwas völlig anderes, da benutzt man auch andere Methoden, je nachdem, wie gefährlich es wird. Mit Steinsalz, oder im Notfall auch mit Zucker, lassen sich die Geister fernhalten, aber das ist eher eine Notlösung. Ich habe Leute erlebt, die auf Voodoorituale schwören. Andere beten und verwenden Weihwasser. Es kommt wohl auf den persönlichen Glauben und die Entschlossenheit der Person an. Wenn man genug Kraft und Energie mobilisieren kann, hat das, was sich einem in den Weg stellt, keine Chance.«

»Manchmal fragen mich Kunden, die verstörend viel Aktivität in ihrem Haus haben, was sie tun sollen. Wir haben auch einen Pastor, der bereit ist, mit uns auf Reisen zu gehen und solche Häuser zu segnen, aber es sind ja nicht alle gläubig, verstehen Sie?«

»Ja, ich weiß, was Sie meinen. Ich schreibe Ihnen eine kleine Liste von Leuten auf, die Ihre nichtchristlichen Kunden ansprechen können. Sie haben alle eine Approbation vom FBI – ihre Karten werden gerne an alle verteilt, die so arbeiten wie Sie.«

Dave blinzelte überrascht. Ich spürte, wie auch Brandon aufhorchte. »Wirklich? Das FBI hat nichts gegen solche Gruppen wie unsere?«

»Natürlich nicht. Sie sind eine professionelle Crew. Wir können ja auch nicht immer überall sein, haben Sie Nachsicht mit uns!«, sagte ich scherzhaft.

Offensichtlich erfreut über das Kompliment, lächelte er zurück. »Gut zu wissen.«

Sie hatten ihr Equipment hauptsächlich im Pavillon aufgebaut, zweifellos, um zu verhindern, dass Schnee auf ihre Ausrüstung kam. Das war mir recht, denn ich brauchte sowieso ein Stück Weg. Ich nickte Marianne zu. Daves Crew bestand nur aus vier Personen. Ob das normal war oder ob sie das Personal reduziert hatten, um auch unsere Leute unterbringen zu können, wusste ich nicht.

Jon trabte in einer wärmeren Jacke heran und war gerade dabei, die Treppe zum Pavillon hochzulaufen, als er die Ausrüstung bemerkte. Er verharrte reglos auf den Stufen und weigerte sich, näher zu kommen. Das war angesichts der ganzen Kameras und Aufnahmegeräte weise Voraussicht.

»Das ist Les«, stellte Dave einen spindeldürren Mann vor, der aussah wie ein Bestattungsunternehmer aus dem 18. Jahrhundert, der in der Zeit stehen geblieben war. Obwohl er sehr viel älter wirkte, war er vermutlich um die fünfzig.

»Hallo, Les.« Ich gab ihm zur Begrüßung die Hand.

Les starrte mich mit unverhohlener Faszination an. »Hallo. Das ist das erste Mal, dass wir mit einem Geisterseher zusammenarbeiten. Ich habe viele Fragen an Sie, wenn Sie nichts dagegen haben.«

»Kein Problem. Das ist Brandon Havili, mein Partner. Er steckt noch in der Ausbildung zum Anker, also lassen Sie Nachsicht walten. Er lernt noch.«

Die beiden gaben sich die Hand, und Les stellte mich dem letzten Crewmitglied vor, einem pubertierenden jungen Mädchen. Sie hatte die gleiche Patriziernase wie Les, war allerdings dunkelhaarig und nicht weißblond wie er. »Das ist meine Tochter Harriette. Wir nennen sie Harry.«

Harry gab uns die Hand. Sie schien etwas eingeschüchtert von Brandons Körpergröße. »Hi.«

»Hi«, gab Brandon grinsend zurück. »Es bleibt alles in der Familie, wie ich sehe.«

»Was soll ich sagen?«, antwortete sie mit dem typischen Achselzucken eines Teenagers. »Ich feiere Geister.«

»Genau wie ich.«

Zum Schluss stellte ich noch Jon vor. »Der vorsichtige Mann da auf der Treppe ist Jon. Jon ist ein Medium. Er hat Emma gefunden und zu mir gebracht.«

»Ich bin hauptsächlich hier, um zuzuschauen und zu lernen«, ergänzte Jon. »Bitte bringen Sie nichts Elektronisches in meine Nähe – ich ruiniere es ganz sicher.«

Es folgten Begrüßungen und Small Talk, und ich begab mich währenddessen an meine eigenen Vorbereitungen.

Brandon folgte mir aus dem Pavillon. »Okay, Mack. Kann ich dir was helfen?«

»Zunächst mal«, sagte ich und deutete auf den Kronkorken meiner Colaflasche, »habe ich ein Problem mit diesem Deckel.«

Er verdrehte zwar nicht sichtbar die Augen, aber ich hatte das Gefühl, als würde er es innerlich tun. Dann fuhr er mit der Hand in eine Hosentasche und zog einen Flaschenöffner heraus, mit dem er geschickt den Deckel öffnete. »Als ob ich darauf nicht vorbereitet wäre.«

Mit neugierigem Blick auf seine Cargohosen fragte ich: »Was hast du da eigentlich alles drin?«

»Alles«, gab er trocken zurück. »Also, was liegt an?«

Ich würde es schon noch rausbekommen – wenn alles gut lief, indem ich ihn später aus dieser Hose rausschälte. Ich nahm einen Schluck Cola, um Zeit zu gewinnen und meine Gedanken zu reinigen. »Genau. Wie ich schon gesagt habe: Wir brauchen Licht. Ich habe mehrere helle LED-Leuchten dabei. Hilf mir doch kurz, ein Stück Weg auszuleuchten, wie eine kleine Landebahn.«

»An einer bestimmten Stelle?«

»Es gibt eine Stelle, die besonders gutes Juju hat.« Ich merkte, dass alle mich neugierig ansahen, also holte ich ein bisschen aus. »Bestimmt haben Sie sich schon gefragt, warum es an manchen Stellen eher spukt als an anderen. Teilweise hat das mit dem Grundgestein zu tun, auf dem das Bauwerk steht. Kalkstein, Quarz, Kristall – diese Gesteinssorten speichern die Energie nicht nur, sie reflektieren sie auch ganz merkwürdig. Manchmal werden Geister davon abgestoßen. Wenn sie noch nicht lange tot sind, sind sie oft verwirrt und wissen nicht genau, was los ist. Wenn es nichts gibt, woran sie sich orientieren können, oder wenn sie sich an einem Ort befinden, der ihnen nicht besonders vertraut ist, wie ein Hotel zum Beispiel, verirren sie sich leicht.«

»Was der Grund dafür ist, dass vor allem solche Geister nicht zur Ruhe finden, die eines plötzlichen unnatürlichen Todes gestorben sind?«, fragte Les aufgeregt, als hätte man ihm ein paar fehlende Puzzlestückchen gereicht.

»Genau. Und an Orten wie diesem hier spielt die Energie geradezu verrückt. Sehen kann ich es zwar nicht genau, aber ich fühle es total. Es ist manchmal so, als würde ich mitten in einem Whirlpool stehen. Hier gibt es auch jede Menge schlechte Energie, das hilft dann nicht besonders. Wenn man es mit einer so liebenswerten Dame wie Miss Emma zu tun hat, jemandem, der gerne ins Jenseits möchte, es aber nicht schafft, hat das normalerweise zwei Gründe. Entweder ist sie in negativer Energie eingeschlossen und kommt nicht alleine frei, oder sie ist buchstäblich nicht sicher, wie sie es anstellen soll. So oder so ist es für einen Geisterseher recht einfach, einen Geist durch diesen Prozess zu leiten. Licht hilft dabei, denn dadurch bekommt sie eine visuelle Spur zur nächsten Bewusstseinsebene, nach der sie Ausschau halten muss.«

Harry zog das Handy heraus und fing hastig an, sich Notizen zu machen. Es war eine seltsame Erfahrung, plötzlich der Experte zu sein. Ich hatte so lange die Rolle des Gesellen, des Lehrlings gespielt. Na so was. Also, es war kein schlechtes Gefühl.

Ich führte Brandon ein Stück beiseite, im 45-Grad-Winkel zur Treppe des Pavillons. »Hier an dieser Stelle gibt es nur wenige widersprüchliche Energieströme. Hier wird sie einfacher durchkommen, ohne sich zu verlaufen. Harry, für deine Notizen: Als nicht spirituell empfängliche Person kann man dafür entweder geografische Daten oder Wünschelruten verwenden. Silberne Ruten kreuzen sich, wenn die Energie stark ist. Oder man sucht nach Stellen mit einer niedrigen Konzentration von metamorphem Gestein.«

Sie nickte, ohne vom Handy aufzusehen.

Ich drückte Brandon ein paar Lampen in die Hand, und wir schalteten sie ein und stellten sie in Abständen von fünfzig Zentimetern auf. Das Licht der Abenddämmerung war noch heller, als ich gehofft hatte, was teilweise der Wolkendecke zu verdanken war, die die niedrig stehende Sonne reflektierte. Keine Beschwerde von mir. Die Lichtverhältnisse waren so gut wie ideal.

Als ich mit unserer Beleuchtung zufrieden war, schickte ich Brandon in den Pavillon. »Du gehst beiseite. Du bist sexy und lenkst mich ab.«

Er schaute erfreut auf und gehorchte sofort. »Dann will ich mal versuchen, in Zukunft weniger sexy zu sein und dich weniger abzulenken.«

»Ich bitte darum«, erwiderte ich mit gespieltem Ernst. »Okay, alle miteinander. Kamera an?«

Marianne hob den Daumen, ohne den Blick von der digitalen Kamera in ihrer Hand zu erheben. »Jepp.«

Ich zog die Schneekugel aus der Tasche und stellte sie auf die unterste Stufe. Dann kniete ich mich daneben und streckte die Hand aus. »Miss Emma? Jetzt kommt Ihr Auftritt.«

Der Geist in der Schneekugel hob den Kopf und sah mich an. Sie war fast ganz durchscheinend. Ihre Form war sehr verschwommen. Ich schob ihr etwas von meiner Energie hinüber, um sie zu stabilisieren. Nachdem sie sich die Energie einverleibt hatte, war ihre Stimme klar und deutlich: »Aber was ist, wenn es nicht geht?«

Ich hörte, wie Les scharf den Atem einzog. Zumindest er hatte sie gehört.

»Es wird funktionieren«, sagte ich sanft und beruhigend. »Sie sind nicht die Erste, der ich helfe, ins Jenseits zu gelangen. Nehmen Sie einfach meine Hand, und lassen Sie sich von mir führen.«

Sie gehorchte zaghaft und richtete sich auf, als ob sie noch menschliche Beine, Muskeln und Knochen zur Verfügung hätte. Komisch, wie diese Angewohnheiten auch im Tod beibehalten wurden. Ich fühlte die Berührung kühl an meiner Hand, aber es war nicht unangenehm. Ich wartete, bis sie stand, dann geleitete ich sie den kleinen Schritt die Treppenstufe hinunter und auf den ausgeleuchteten Weg.

Emma machte einen Schritt, und ihre Form materialisierte sich etwas fester. Sie war jetzt nicht mehr komplett durchsichtig. Dann machte sie noch einen Schritt und sah hinunter, überrascht, dass sie sich auf dem Weg befand. »Ich bin stärker.«

Alle zuckten zusammen, diesmal hatte die ganze Gruppe sie hören können.

»Ja«, bestätigte ich, ohne dass es wirklich notwendig war. »Sie sind von guter Energie umgeben. Und Sie ziehen Kraft aus dem Licht. Miss Emma – erinnern Sie sich an zu Hause? An das Gefühl, die Zufriedenheit, das Glück?«

Sie wandte mir den Kopf zu, und jetzt erkannte ich eine Nase, erahnte ihre Gesichtszüge. »Ja. Ich … ich glaube schon.«

»Nun, da werden Sie jetzt hingehen. Sie gehen jetzt nach Hause.« Ich begleitete sie noch einen Schritt vorwärts. Dabei achtete ich darauf, nicht selbst ins Licht zu treten, sodass sie allein auf ihrem Pfad war. Ein Anfängerfehler, den Weg mit dem Geist zu beschreiten. Das hatte ich ein Mal gemacht. Dummheit ist eine strenge Lehrmeisterin, aber bei Gott, man lernt dadurch.

Emma bewegte sich jetzt fast ohne meine Hilfe, den Blick nach vorn gerichtet. »Oh. Jetzt sehe ich es.«

»Ein helles Licht, eine offene Tür, die auf Sie wartet?«, fragte ich nach. Manchmal wussten die Geister nicht, wonach sie suchen mussten.

»Ja! Ist es das?«

»Das ist es. Sie brauchen nur durchzugehen.«

Am Ende des ausgeleuchteten Pfades blieb sie stehen – wie ich vermutete, vor der geöffneten Tür. Sie konnte es klar und deutlich erkennen, ich nicht, und das sollte ich auch gar nicht, solange ich nicht selbst tot war. Emma war jetzt deutlich sichtbar und schimmerte. Ich sah, was für eine Schönheit sie gewesen war. Ihr Lächeln wirkte überglücklich. »Ich danke Ihnen vielmals, Mack. Es tut mir leid, dass ich Ihnen so viel Mühe gemacht habe. Danken Sie bitte Jon dafür, dass er mich zu Ihnen gebracht hat.«

»Ich kann Sie ganz deutlich hören, Miss Emma«, rief Jon ihr vom Pavillon aus zu. »Und es war mir ein Vergnügen.«

Sie wandte sich ihm zu, lächelte ihn an und schwebte durch die für uns unsichtbare Tür. Mit einem Blitz war sie verschwunden. Um ihretwillen war ich erleichtert. Dann drehte ich mich zum wartenden Publikum um und zuckte die Achseln. Ich fühlte mich wie ein Zauberer, der gerade einen Trick vorgeführt hat. »Und so, meine Damen und Herren, begleitet man einen Geist auf dem Weg ins Jenseits.«

Kapitel 9

BRANDON

Kompetenz war so was von sexy. Im Augenblick strahlte Mack so eine Autorität aus, dass ich einerseits stolz auf ihn war und andererseits den Impuls hatte, ihn sofort in eine dunkle Ecke zu zerren und zu küssen, bis ihm Hören und Sehen verging. Wenn sein spielerisches Flirten von vorhin ein Indiz war, würde er damit mehr als einverstanden sein. Ich musste nur den richtigen Zeitpunkt finden.

Dave sah Marianne über die Schulter, sagte etwas zu ihr, dann hob er in Siegerpose die Faust. »Wir haben jede Sekunde aufgezeichnet! Mack, es hat sich jetzt schon total ausgezahlt, mit Ihnen zu arbeiten. Selbst das ungeschnittene Material ist schon der Hit.«

Mack kam die Treppe herauf und stellte sich neben mich. Ich spürte seine Körperwärme. Meine Haut prickelte davon, und ich war so abgelenkt, dass ich seine Antwort kaum registrierte. »Das freut mich, Dave. Was haben Sie jetzt noch vor?«

»Wir müssen hier abbauen und alles für heute Abend vorbereiten. Es wird erst in zwei, drei Stunden richtig dunkel, also sollten wir genug Zeit haben.«

Das brachte mich wieder zu mir. »Brauchen Sie Hilfe dabei?«

Marianne schüttelte den Kopf. »Nehmen Sie es mir nicht übel, aber wir kennen unsere Ausrüstung und sind es gewohnt, damit zu arbeiten. Sie wären keine große Hilfe. Gehen Sie etwas essen oder so, und kommen Sie um acht Uhr in den Keller.«

Und schon war meine Libido dabei, eigene Pläne zu schmieden. »Okay, dann können wir uns jetzt etwas ausruhen.«

Jon warf mir einen Blick zu, der besagte, dass er ganz genau wusste, was ich im Sinn hatte (was vermutlich auch stimmte), und verbiss sich das Grinsen. »Dann gehe ich nach oben zu Donovan, bis es Zeit ist. Bis nachher.«

Ich mochte Jon aus verschiedenen Gründen. Einer davon war, dass er Situationen richtig interpretieren und entsprechend reagieren konnte. Man brauchte keine Andeutungen zu machen, das war völlig überflüssig.

Ich spürte eine Hand in meiner, die Finger kühl und fest. Überrascht blickte ich zu Mack hinunter, aber er sah mich gar nicht an. Stattdessen winkte er der Geisterjäger-Crew und führte mich dann zurück ins Gebäude. Ich drückte ebenfalls seine Hand und bekam einen ganz trockenen Mund vor Aufregung. Dass er mich irgendwohin führte, war doch sicher ein gutes Zeichen. Oder?

Wir gingen direkt auf mein Zimmer. Ich versuchte, mir einzureden, dass das wahrscheinlich nicht unbedingt *das* zu bedeuten hatte. In meinem Zimmer würden wir einfach am ungestörtesten sein. Aber meine Libido stürzte sich auf das Wort »ungestört« wie ein Hund mit einem frischen Knochen und weigerte sich, loszulassen.

Mack trat ohne Scheu oder Zögern ein, zog mich hinter sich her, dann schloss er die Tür mit einem deutlichen Klicken. Erst jetzt wandte er sich zu mir um, und zum ersten Mal sah ich Anzeichen für Nervosität: Er nestelte mit der freien Hand an seinem Pullover herum.

»Klartext, bitte, Brandon. Flirtest du einfach nur so zum Spaß mit mir, oder …«

Mein Gehirn schaltete ab. Ohne nachzudenken, stürzte ich mich auf ihn, umfasste seinen Nacken mit der freien Hand und küsste ihn. Seine Lippen waren unglaublich weich und gaben unter meinen nach, während er einen kleinen, genüsslichen Seufzer von sich gab, der mich mit der gleichen Wucht traf wie ein Schlag in die Magengrube – nur auf angenehme Weise. Ich versuchte, näher zu treten, weil ich ihn an mich drücken wollte, aber der Größenunterschied zwischen uns war ein Problem. Ich musste mich zurückziehen, obwohl ich es gar nicht wollte. Entweder das, oder ich musste ihn hochheben, und das schien mir nicht besonders wohlerzogen bei einem Kerl, mit dem ich noch nicht mal ein Date gehabt hatte.

Er blinzelte zu mir hoch, ein bisschen benommen, die Lippen noch geöffnet. Dann schien er seine fünf Sinne wieder beisammenzuhaben und fing an zu strahlen. »Sehr gute Antwort, das.«

»Ich mag dich«, teilte ich ihm mit. »Ich weiß aber nicht, was du von mir willst. Dreht sich das hier nur um Sex?«

Seine Augen waren wach und klar. In diesem Licht sahen sie fast grau aus. »Nicht, wenn's nach mir geht, *cher*. Willst du mit mir zusammen sein, Brandon?«

Ich liebte dieses Selbstvertrauen – es war total sexy. Ich hatte nicht so recht gewusst, was ich sagen sollte, aber seine direkte Art entspannte mich, und ich antwortete genauso ehrlich. »Total gern. Aber du musst bedenken, dass ich wirklich keine Ahnung habe, was ich hier tue. Du bist der erste Typ, mit dem ich je etwas hatte.«

Mack nickte, immer noch lächelnd. »Das hab ich mir schon gedacht, nach dem, was du mir erzählt hast. Das ist in Ordnung. So wahnsinnig viel Erfahrung habe ich auch nicht. Das kriegen wir zusammen schon hin.«

Diese unkomplizierte Akzeptanz löste einen weiteren Knoten in meinem Inneren. Der Gedanke gefiel mir richtig

gut, dass wir gemeinsam herausfinden würden, was es bedeutete, zusammen zu sein. Dass es keinen blöden Standard
gab, den ich nicht kannte und der trotzdem gültig war.

»Schritt eins«, fuhr Mack gespielt förmlich fort. »Jacke
ausziehen und hinsetzen. Ich will auf deinem Schoß sein,
wenn wir knutschen.«

»Du hast es wirklich drauf mit diesen ganzen guten
Ideen«, sagte ich scherzhaft, dann zog ich gehorsam die Jacke aus und warf sie auf den Stuhl neben der Tür.

Es gab nur einen Stuhl ohne Armlehnen, und der sah
zum Glück so stabil aus, dass er uns beide aushalten würde. Ich wollte mich nicht gleich aufs Bett setzen, damit er
keinen falschen Eindruck bekam. Sex mit ihm wollte ich,
absolut keine Frage, aber ich wollte auch nichts kaputt-
machen, indem ich etwas überstürzte. Ich lehnte mich an,
und im nächsten Moment saß ein sexy brünetter Typ auf
meinem Schoß und strich mit den Händen über meine
Brust.

»Wollte dich die ganze Zeit schon anfassen«, schnurrte
er, während er den Kopf hob und wieder anfing, mich zu
küssen.

Als er meine Zunge mit seiner berührte, überlief mich
ein lustvoller Schauer. Der letzte Rest meiner Vernunft registrierte noch, dass ich noch nie in meinem Leben so auf
einen Kuss reagiert hatte. Ich mochte Küssen schon, aber
dieses zittrige Gefühl in der Brust hatte ich noch nie gehabt. Noch nie war ich so frustriert gewesen über die Barriere von Klamotten. Und noch nie hatte ich so danach
gelechzt, nackte Haut unter den Fingern zu spüren. Mack
hatte einen Hunger in mir erweckt, von dem ich bisher gar
nichts gewusst hatte.

Ich schob die Hände unter seinen Pullover, und Mack
gab ein zustimmendes Stöhnen von sich, als ich die zarte
Haut seines Rückens erkundete. Schon das allein stieg mir

zu Kopf – ich konnte mir kaum vorstellen, was passieren würde, wenn ich ihn nackt an mich gepresst spüren würde. Wahrscheinlich würde ich den Verstand verlieren. Der Kuss wurde immer sinnlicher – Knabbern, Lecken, ein Kuss, der das Gehirn außer Acht ließ und sich mit den Nervenenden kurzschloss. Der von Wollen und Begierde und Lust sprach, von Saugen und Nässe und Schweiß und Reiben, der spielerische Qual und höchste Lust versprach. Es war unglaublich erotisch.

Ich war wirklich froh, dass wir saßen, denn meine Knie waren weich, und ich hätte uns beide zu Boden gerissen, wenn wir gestanden hätten. Das musste ich unbedingt auch lernen. Ihn so verrückt zu machen.

Mack stöhnte an meinem Mund und rieb sein Becken an meinem, und Gott, er war steinhart unter den Jeans. Ich fühlte es ganz genau. Wenn wir nicht streng genommen gerade unser erstes Date gehabt hätten, hätte ich nichts lieber getan, als ihn in die Finger zu bekommen. Aber beim ersten Date schon Sex zu verlangen, war nicht meine Art, denn es war einfach unhöflich … und … und … Oh, shit, meine Willenskraft drohte sich gerade in Luft aufzulösen.

Mit einem Keuchen ließ ich von ihm ab, und Mack wimmerte und versuchte, wieder an meine Lippen zu kommen.

»Wenn du nicht willst, dass ich dich einfach aufs Bett werfe und dir einen blase, hör auf«, befahl ich knapp. Mein Atem ging unregelmäßig und laut.

Seine hellbraunen Augen waren vor Lust ganz dunkel geworden, als er zu mir hochschaute, ebenso außer Atem wie ich. »Du solltest wirklich einen Warnhinweis haben.«

Das zu verarbeiten, dauerte etwas länger als sonst, da sich der Großteil meiner Gehirnzellen nach Süden verabschiedet hatte, aber dann schnaubte ich. »Entschuldige bitte, aber du bist doch der, der küsst wie die Sünde persönlich.«

Er sah überrascht und beglückt aus, als hätte er so etwas noch nie gesagt bekommen. In mir erweckte sein Gesichtsausdruck das Bedürfnis, eine Liste aller seiner früheren Partner zu erstellen, vielleicht vorsorglich einige operative Maßnahmen einzuleiten und ein paar Kiefer zu brechen. Niemand sollte so unsicher sein, was den eigenen Sex-Appeal betraf, und schon gar nicht, während er auf dem Schoß seines Freundes saß. Des gegenwärtig sehr, sehr erregten Freundes, der auf jeden Fall Erleichterung brauchte, weil eine kalte Dusche hier nicht mehr helfen würde.

Mack senkte den Blick, sah, in welchem Zustand ich war, und hob die Augenbrauen. »Wow. Ich hatte gar nicht vor, gleich so Gas zu geben.«

»Ja, das war nicht besonders überlegt – weder von deiner noch von meiner Seite.«

»Ist es mit der Hand okay für dich?«, fragte er hoffnungsvoll.

Wer hätte dazu Nein sagen können? Vielleicht hätte irgendjemand auf der Welt, Mann oder Frau, die Kraft gehabt, ihn abzuweisen – ich jedenfalls nicht. Oh nein. »Bett.«

Mit einem glücklichen, zustimmenden Geräusch rutschte er von meinen Knien und zog seinen Pulli über den Kopf. Ich genoss den Anblick seines nackten Rückens mit den kleinen Sommersprossen auf den Schultern, und merkte gerade noch, wie meine Vernunft sich abschaltete. Wenn ich ihn nicht sofort berühren konnte …

Ich umfasste seine Taille, hielt ihn fest und zog ihn an mich. Er schnappte überrascht nach Luft und ließ mich gewähren. So konnte ich bequem seine Jeans aufknöpfen, den Reißverschluss aufmanövrieren, meine Hand reinschieben und ihn umfassen. Mack seufzte und ließ sich mit seinem ganzen Gewicht gegen mich sinken. Ich zog seinen Schwanz heraus, um ihn anschauen zu können und um mehr Bewegungsfreiheit zu haben. Er war nicht besonders dick, aber schön geformt. Sein heller Schaft sah gut aus im Kontrast zu meiner dunkleren Haut.

Es hätte vielleicht komisch sein können, den Schwanz eines anderen Kerls in der Hand zu haben. Vielleicht war es das auch irgendwie. Aber das war mir ganz egal. Ich wollte ihn viel zu sehr, um darüber nachzudenken. Er lag heiß und hart in meiner Hand, und bei jeder meiner Bewegungen keuchte er leise auf, was mich mehr erregte als alles andere. Wie er auf mich reagierte, zu wissen, dass ich es war, der ihm Lust bereitete, war das Schärfste überhaupt.

Mack griff nach meiner anderen Hand und hob sie an seine Brustwarze. Ich gehorchte dem stummen Hinweis und drückte und rollte sie zwischen Daumen und Zeigefinger. Das ließ ihn tief und kehlig aufstöhnen, ein Geräusch, das purer Sex war. Seine Hände griffen wie von selbst nach meinen Oberschenkeln, er presste seinen Hintern gegen meinen Schritt und fing an, in meine Hand zu stoßen – Gott, war das sexy. Mich durchzuckten kleine Blitze, jedes Mal, wenn er sich an mir rieb, und ich hasste meine Jeans aus tiefster Seele. Ich konnte ihn unmöglich lange genug loslassen, um sie auszuziehen, und der Druck war schmerzhaft und lustvoll zugleich. Ich stellte mich etwas breitbeiniger hin, damit er sich noch enger an mich drücken konnte und unser Größenunterschied etwas ausgeglichen wurde. Und, oh, verdammt noch mal, ja. Das war besser. Mack drehte den Kopf und begann, an meinem Hals zu saugen, so fest er konnte.

Schon einen Sekundenbruchteil bevor es so weit war, wusste ich, dass er kommen würde. Er erschauerte, ein leichtes Zittern durchlief ihn von Kopf bis Fuß, dann ließ er von meinem Hals ab, bäumte sich auf und explodierte. Während er wieder zu sich kam, ließ er sich mit einem bezaubernden kleinen Seufzer weich in meine Arme sinken. Ich stellte mir vor, ihn in Zukunft immer so entspannt und befriedigt an mich gedrückt zu halten, und der Gedanke allein brachte mich schon fast zum Orgasmus. Und er sagte, *ich* bräuchte ein Warnschild?

Mack entzog sich meiner Umarmung so weit, dass er sich umdrehen konnte, und in seinen Augen blitzte es hungrig. »Und jetzt du, *cher*.«

Da ich so hart war, dass ich fast ein Loch in den Reißverschluss meiner Hose bohrte, war ich für diesen Plan total zu haben. »Wir sind gar nicht mehr bis zum Bett gekommen. Willst du …«

»Mmmm, Bett, dann ist es einfacher für mich«, antwortete er kryptisch. Er packte mich an den Hüften, zog mich die restlichen fünfzig Zentimeter und setzte sich auf die Bettkante.

Mein ganzes Blut war immer noch im Unterleib, sodass mein Gehirn nichts hatte, womit es arbeiten konnte, also dauerte es zwei Sekunden, bis ich begriff, was er vorhatte. In der Zeit hatte er schon meine Hose geöffnet und meinen Schwanz befreit. Mann, oh Mann – ein Blowjob etwa? Ich verbiss mir ein Wimmern. Ja, bitte. Aber – ich fand noch zwei Gehirnzellen oder so und brachte damit etwas Vernünftiges über die Lippen. »Mack. Nur damit du's weißt. Hab 'nen Test gemacht, als ich zum FBI kam. Ich bin clean.«

Er blinzelte überrascht, dann lächelte er mich an. Oh Gott, dieses Lächeln würde noch mein Tod sein. Hier und jetzt. »*Merci*. Nur der Vollständigkeit halber – ich bin auch getestet worden. Und ich war clean und hatte in der Zwischenzeit keinen Partner.«

Also grünes Licht für uns beide? Super.

Mack neigte den Kopf ein wenig und leckte meinen Schaft. Bei dem Gefühl hätte ich in Freudentränen ausbrechen können. »Heißt das, dass ich dich jetzt endlich in den Mund nehmen darf?«

»Oh ja. Bitte.«

Könnte sein, dass er kurz auflachte, bevor er die Lippen um meine Eichel schloss und dann mit der Zunge diesen einen Punkt rieb – mein Verstand setzte wieder aus. Oh verdammt, das machte er wirklich gut. Ich schob die Finger in seine Locken, zog seinen Kopf ein bisschen näher und versuchte krampfhaft, nicht zuzustoßen. Es fühlte sich so irrsinnig gut an, dass ich den Augenblick nicht ruinieren wollte.

Mack hob und senkte rhythmisch den Kopf, während er meinen Schwanz bearbeitete, die Hände auf meinen Schenkeln abgestützt. Die *Geräusche*, die er dabei machte, waren geradezu obszön, ein feuchtes Schlürfen. Ich konnte ihn dabei nicht länger als zwei Sekunden am Stück ansehen, sonst wäre es sofort vorbei gewesen. Und doch wollte ich hinsehen, so, so gerne. Sein Mund und seine Zunge waren warm, glitschig und genau richtig. Ich verspürte Funken am unteren Ende meiner Wirbelsäule, und die Lust wich einer glühend heißen Spannung, während sich mein Höhepunkt aufbaute. Ich wollte es, ich brauchte es, und ich würde viel zu früh kommen. Wie gerne hätte ich noch länger in diesem Moment verharrt.

Mack strich mit der Hand über meinen Schenkel, zog mir Jeans und Boxershorts weiter runter, dann ließ er eine Hand nach unten wandern und umfasste meine Eier, die er sanft massierte. Und damit war es um mich geschehen, ich versuchte noch, ihn vorzuwarnen: »Mmm … Mack …«, aber er summte leise, zog mich fester an sich, und dann tobte ein Orgasmus mit der Wucht einer Flutwelle durch meinen Körper. Es war so intensiv, dass mir schwarz vor Augen wurde, und ich bekam nur noch am Rande mit, dass Mack mich an den Hüften und an den Beinen abstützte, und spürte wie von weit weg, dass er an mir leckte und alles runterschluckte.

Meine Knie zitterten, als ich langsam wieder zu mir kam. Ich war ziemlich sicher, dass ich kurz das Bewusstsein verloren hatte. Mack hatte den Kopf in den Nacken gelegt und grinste mich selbstzufrieden an – völlig zu Recht. »Hab ich dir gerade das Hirn weggeblasen?«

»Und wie«, krächzte ich, immer noch etwas verblüfft wegen meiner Reaktion. Ich mochte Sex, ja. Ich meine, es macht Spaß, fühlt sich super an – natürlich mochte ich es. Aber ich war noch nie so heftig gekommen wie gerade, und schon gar nicht bei einem Blowjob.

Oh Mann. War ich am Ende doch gar nicht bi? War ich schwul und hatte mir die ganze Zeit selbst in die Tasche gelogen?

Nein. Jon hatte gesagt, dass ich bisexuell war. Genau. Also musste es mit Mack zu tun haben. Ich mochte ihn, vielleicht mehr als alle meine Partnerinnen früher. Ob das eine Rolle spielte?

»Sollen wir uns kurz sauber machen und ein bisschen kuscheln?«, fragte er schüchtern.

»Mir zittern die Knie«, teilte ich ihm mit. »Ich brauche Kuscheleinheiten und mindestens zwanzig Minuten, bis das Blut wieder in meinem Kopf ankommt.«

Das schien ihm zu gefallen – keine Ahnung, wieso. Ich würde ihn später fragen.

Wir machten uns mit Taschentüchern vom Nachttisch sauber und zogen die Unterhosen hoch. Mack wäre fast wieder in seinen Pulli geschlüpft, aber ich wollte die volle Kuschelerfahrung mit nackter Haut, also streifte ich stattdessen meinen ab. Das schien Mack so richtig gut zu finden, und er kletterte freudig zu mir ins Bett, schmiegte sich an mich und bohrte mit einem glücklichen Seufzer die Stirn in meine Halsbeuge.

Ich streichelte sanft seinen Rücken, genoss es, seine warme Haut an meiner zu spüren, und das intime Gefühl, zusammen im Bett zu liegen. Wir hatten zwar ziemlich bald Sex gehabt, aber ich wollte nicht, dass er dachte, dass das alles war, was ich von ihm wollte. Ich zerbrach mir den Kopf, um die richtigen Worte zu finden, aber mir fiel nichts ein. Stattdessen sprach ich aus, was mich beschäftigte. »Für mich ist das ja alles ganz neu. Du musst es mir bitte sagen, wenn es dir nicht recht ist, aber – na ja, gestern Abend habe ich meinen Eltern und meiner Schwester erzählt, dass ich bisexuell bin. Und ich hab ihnen von dir erzählt.«

Er hob verblüfft den Kopf, die Augen weit aufgerissen. »Von mir?«

»Dass ich dich gut finde«, führte ich aus. Ich wusste nicht genau, wie ich seinen Gesichtsausdruck interpretieren sollte. War er überrascht oder besorgt? »Ich würde sie gern informieren, dass wir zusammen sind. Ist das okay?«

Mack war erst mal sprachlos. Sein Mund ging auf und zu, aber es kam nichts heraus. »Moment. Moment mal, jetzt noch mal ganz langsam. Deine Eltern und deine Schwester – sie haben überhaupt kein Problem mit deiner Orientierung?«

Wir hatten über einiges gesprochen, aber darüber offenbar noch nicht. »Genau. Ist überhaupt kein Thema für sie. Wir mögen ja alle Jon. Wir sind ehrlich gesagt erleichtert, dass er und Donovan zusammen sind. Mein Bruder hatte davor nicht so viel Glück in der Liebe. Sie waren zwar überrascht, weil niemand gedacht hätte, dass ich nicht straight bin. Aber sie haben sich für mich gefreut, denke ich. Und sie wollten alles wissen.«

»Das hört sich wirklich gut an«, bemerkte Mack wehmütig. »Du hast ganz schönes Glück.«

Oje. Und wieder empfand ich den Impuls, einige Leute einen Kopf kürzer zu machen. »Das ist bei dir wohl nicht so?«

»Die Reaktionen sind sehr gemischt. Meine Mom ist total auf meiner Seite. Meine Schwester und zwei Cousins auch. Aber alle anderen wissen gar nicht, was sie schlimmer finden sollen: dass ich Geister sehe oder dass ich schwul bin.«

Mit anderen Worten, ich sollte dringend seinen Familientreffen fernbleiben, damit ich nicht anfing, Leute umzubringen. Das würde ich mir merken. »Ich verstehe langsam, warum du es nicht eilig hast, nach Opelousas zurückzugehen.«

»Das ist definitiv einer der Gründe.« Da war wieder dieses süße, scheue Lächeln, das mich so umwarf. »Und du willst deinen Leuten wirklich erzählen, dass wir zusammen sind?«

»Ich will mit dir angeben, ja«, entgegnete ich, hauptsächlich, damit er weiterlächelte.

Ein breites Grinsen war die Reaktion. Dann kuschelte er sich wieder an mich. »Du sagst so süße Sachen. Ich denke, ich werde dich behalten.«

Gott, ja, bitte! »Apropos, und davon rede ich jetzt nicht nur, weil wir gerade Sex hatten. Du musst auch nicht sofort antworten. Aber ich fände es gut, wenn du mich im Job als Partner anfordern würdest.«

Wieder hob er den Kopf, und jetzt sah er schon fast ungläubig aus. »Dein Ernst? Da gebe ich mir solche Mühe, dich zu umgarnen, und du denkst ernsthaft, dass ich noch mit irgendwelchen Wildfremden zusammenarbeiten würde? Natürlich beantrage ich dich. Ich werde mit niemand außer dir arbeiten, solange wir daten.«

Also waren wir uns einig. Super. »Okay.«

»Du bist ja echt komisch«, schalt er mich, dann entspannte er sich wieder. »Ich werde sogar beantragen, dass ich übergangsweise in Nashville arbeiten kann, bis du mit der Ausbildung fertig bist.«

»Damit bin ich sehr einverstanden. Ich hasse Fernbeziehungen.«

»Ja, ich auch. Also, ich hatte noch nie eine, aber schon bei der Vorstellung, dass wir das machen müssten, wird mir ganz anders. Kein Bedarf.«

Es waren nicht wirklich die Worte, es war eher der Tonfall, der mich etwas ganz anderes vermuten ließ. Ich war nur nicht sicher, ob ich richtiglag. »Du machst dir Sorgen, dass andere Interesse an mir haben könnten?«

»Tja – du bist der Inbegriff von Sex auf zwei Beinen«, antwortete Mack sarkastisch. »Also, ja? Ja, definitiv.«

»Oooh. Danke.«

»Und du nimmst das gerade überhaupt nicht ernst.«

»Ähm. Ich bin ja nicht blind. Ich bin nicht unattraktiv, aber die meisten Leute fühlen sich von mir eingeschüchtert. So viel romantische Aufmerksamkeit bekomme ich gar nicht. Ich mache mir mehr Sorgen, dass jemand dich anbaggern könnte.«

Mack dachte ungefähr eine volle Sekunde darüber nach. »Ja, nee, das ergibt ja null Sinn. Alles, was du gerade gesagt hast, ergibt null Sinn. Erst mal – nicht unattraktiv? Du bist verdammt sexy. Sind die Leute um dich herum irgendwie blind oder so?«

Ich lachte, und das Geräusch vibrierte in meinem Brustkorb. Diese Reaktion war schmeichelhaft und amüsant zu gleichen Teilen.

»Und zweitens – wieso machst du dir Sorgen, dass mich jemand angraben könnte?«

»Weil du so was von cool bist«, teilte ich ihm mit und genoss seine Verlegenheit. »Du bist Geisterseher, du bist supersüß, und du kannst richtig gut kochen. Wenn sich das rumspricht, werde ich dauernd Leute abwimmeln müssen.«

Jetzt hob Mack nicht einfach den Kopf, sondern setzte sich auf und ließ sich auf meinem Unterleib nieder, die Hände auf meiner Brust abgestützt. Er starrte mich an, als wäre er nicht ganz sicher, ob ich das wirklich ernst meinte. Das tat ich, und ich blickte ihm geradewegs in die Augen, in der Hoffnung, dass er das erkennen konnte. Das Umfeld, in dem er groß geworden war, erlaubte ihm nicht, sich selbst klar zu sehen, zu merken, wie toll er war. Aber es schmerzte mich, dass er gar nicht wusste, wie sexy er war.

Seine hellbraunen Augen glänzten verdächtig, und er musste sich räuspern, bevor er sprechen konnte. »Also denken wir beide, dass der andere megaheiß ist. Das passt ja ganz gut.«

»Ja, oder?«, sagte ich zustimmend. Jetzt ließ ich ihn Spaß machen, um die Situation zu entkrampfen. »Noch bisschen Kuscheln, dann Abendessen?«

»Ja.« Mack legte sich wieder hin, schmiegte sich an, und ich hielt ihn mit beiden Armen an mich gedrückt. Es verging ungefähr eine Minute, in der er einfach dalag, zufrieden und warm, bis ihm etwas einfiel und er fluchte: »Verdammt.«

»Was denn?«

»Jon wird sofort Bescheid wissen, oder?«

»Jepp«, antwortete ich und ließ das *pp* schnalzen.

»Und er wird uns aufziehen, richtig?«

»Darauf würde ich wetten, ja«, antwortete ich unbekümmert.

»Ach, shit.« Mack seufzte, schon resigniert. »Noch eine Runde, damit es sich auch lohnt?«

Ohne jede weitere Verzögerung rollte ich uns so, dass ich oben lag. An seinen halb geöffneten Lippen murmelte ich: »Du kannst wohl Gedanken lesen.«

KAPITEL 10

MACK

Ich wartete vor dem Restaurant, während Brandon die Speisekarte für mich inspizierte. Was ich in meinem Leben richtig gemacht hatte, um Brandon Havili verdient zu haben, blieb unklar, aber ich nahm mir vor, heute Abend ein Dankgebet zu sprechen. Ich wusste immer noch nicht, was an mir seine Aufmerksamkeit erregt hatte. Aber seine Ehrlichkeit, die stand außer Frage. In seinen Augen war ich toll. Wenn heute nicht die Geisterjagd auf dem Programm stünde, da war ich ganz sicher, hätte er mich nicht aus dem Bett gelassen.

Brandon hatte angeblich noch nie Sex mit einem Mann gehabt. Das glaubte ich ihm auch, denn er war immerhin so zögerlich gewesen, das vorher anzusagen. Aber meine Güte, lernte der Kerl schnell. Ich konnte es kaum erwarten, alles mit ihm auszuprobieren.

Die Vorstellung, unter ihm zu liegen, von ihm ausgefüllt zu werden, absorbierte mich und schickte mich ins Reich der Tagträume. Wow, was für eine wunderbare Vorstellung. Ach verdammt, warum hatte ich kein Gleitgel zur Hand, um sie in die Realität umzusetzen?

»Du sabberst ein bisschen«, hörte ich eine helle Tenorstimme sagen.

Unwillkürlich hob ich die Hand an den Mund, bevor mir klar wurde, dass es Jon war – und dass er lachte. Ich wandte mich um und sah ihn die Treppe herunterkommen. Dann streckte ich ihm sehr erwachsen die Zunge heraus. »Blödmann.«

Als er näher kam, erkannte ich den Schalk, der in seinen blauen Augen aufblitzte. Gleichzeitig wirkte er leicht besorgt, und er hatte die Augenbrauen zusammengezogen.

Keine Ahnung, was dieser Blick sollte. »Was ist denn?«

»Ich sage das nur, weil ich es selbst erlebt habe: So toll es auch ist, so einen Mann zu haben … die Havilis können ein bisschen überwältigend sein. Manchmal kommen die Emotionen erst später hinterhergehinkt.«

Ich hatte das Gefühl, nicht ganz folgen zu können. Es musste etwas mit der Geschichte der beiden zu tun haben. Ich nahm mir vor, später nachzufragen. Jetzt schien nicht der passende Zeitpunkt zu sein. »Es war umgekehrt, Jon. Die Initiative kam von mir.«

Jetzt hob er die Augenbrauen. »Ach ja?«

»Ja. Wieso überrascht dich das? Du hast mir doch selber dazu geraten.«

»Ich habe gesagt, du sollst mit ihm flirten. Und es sind nicht immer alle so schlau, auf mich zu hören.« Jon legte den Kopf schief und senkte glücklicherweise die Stimme, als sich andere Hotelgäste in unsere Richtung bewegten. »Brandon hat Donovan um Rat gefragt, weil er nicht sicher war, wie er sich dir nähern sollte. Darum hatte ich angenommen, dass es von ihm ausging.«

»Das war schon auch so, glaube ich. Also, er hat schon Interesse bekundet – er war nur zu schüchtern, um selbst etwas zu unternehmen.«

Andererseits war ich der erste Mann, den er so attraktiv gefunden hatte, dass er das Bedürfnis gehabt hatte, zu flirten. Das musste auch komisch sein, mit paarunddreißig noch mal von vorn anzufangen.

»Hmm.« Jon nickte verstehend. »Damit hätte ich wohl rechnen sollen. Ich bin auf jeden Fall froh, dass ihr euch gefunden habt.«

»Nicht so froh wie ich«, warf Brandon ein, der mit einer Speisekarte aus dem Restaurant kam. Er reichte mir das Blatt Papier und erklärte: »Alle Gerichte mit Sternchen kannst du essen, oder sie können sie so zubereiten, dass du es verträgst.«

Ich sah die dreiseitige Auswahl durch und stellte fest, dass ich acht Optionen hatte, unter denen ich wählen konnte – was großartig war. »Cool, das klingt alles gut. Lasst uns hier essen.«

»Dann schreibt doch Donovan. Er hat auch gerade überlegt, wo wir essen sollen.«

»Mach ich.« Brandon tippte eine Nachricht ein.

»Und du kannst ihm auch gleich erzählen, dass ihr jetzt zusammen seid.«

»Ja, ja.« Brandon blickte gar nicht erst vom Display auf. »Er kommt runter.«

Die Bedienung führte uns an einen Tisch, und als wir uns gesetzt hatten, war Donovan auch schon da. Es fühlte sich auf einmal anders an, ihn und Jon zusammen zu sehen. Da ich jetzt eine ganz andere Beziehung zu Brandon hatte, hatte ich das Gefühl, dass sich auch mein Verhältnis zu den anderen beiden verändert hatte. Das waren nicht mehr einfach nette Menschen, die ich getroffen hatte und die ich wieder aus den Augen verlieren würde. Jetzt gehörten sie zum näheren Umfeld, und vielleicht würden wir uns sogar anfreunden. Darauf freute ich mich schon.

Brandon gab seinem Bruder volle zwei Sekunden Zeit dafür, sich gemütlich hinzusetzen, dann ließ er die Bombe platzen. »Mack und ich sind jetzt zusammen.«

Donovan hielt kurz inne, sah uns scharf an, dann fing er an zu strahlen. »Ehrlich? Gute Arbeit, kleiner Bruder.«

Diese Bezeichnung fand ich extrem witzig, da Brandon etliche Zentimeter größer war als Donovan. »Entschuldige mal, ich war es, der die ganze Arbeit gemacht hat.«

Donovan blinzelte mich überrascht an. »Ach wirklich? Dann gute Arbeit, Mack. Nur – wie soll das denn jetzt funktionieren?«

»Ich beantrage ihn als Partner.« Es war wirklich schön, zu sehen, dass Donovan sich für uns freute. Es war für mich so ungewohnt, positive Rückmeldungen zu einem Lover zu bekommen, dass ich mich einen Augenblick darin sonnte. »Ich sollte ja sowieso einen Anker finden. Ich werde dem FBI ganz klar signalisieren, dass ich mich für Brandon entscheide, und dann beantrage ich eine Versetzung nach Nashville, damit wir zusammenarbeiten können.«

»Aber das FBI hat kein Büro in Nashville«, wandte Donovan ein.

»Das nicht, aber ich bin ja noch in der Ausbildung«, gab Brandon zurück, der sein Hauptaugenmerk schon auf die Speisekarte gerichtet hatte. »Wer sollte mich denn besser ausbilden können als ihr und Mack?«

Dass die Zentrale kein Problem damit haben würde, wusste ich. Das FBI war so daran interessiert, dass alle noch nicht verankerten Geisterseher einen Anker fanden, dass sie so gut wie alles möglich machten.

Unser Kellner nahm die Bestellungen auf und wiederholte gewissenhaft meine genauen Instruktionen in Sachen Allergien, sodass ich relativ sicher sein konnte, dass die Botschaft in der Küche ankommen und dort berücksichtigt werden würde.

Wir sprachen noch etwas über die Einzelheiten, darüber, wie und wann ich meine Anträge einreichen musste. Wie es genau funktionierte, war mir noch nicht ganz klar. Ich wünschte mir einfach, dass es klappte. Ein paar

Wochen würde die Bürokratie wahrscheinlich brauchen. Vielleicht würde ich nicht nach Nashville gehen können, bevor Brandon mit der Ausbildung fertig war, und wir würden zusammen an einen ganz anderen Ort versetzt werden. Das war nicht so ganz in meinem Sinne. Meine Instinkte und meine Hormone diktierten mir, in Brandons Nähe zu bleiben.

Dann kam das Essen, bevor wir das Thema zu Ende besprechen konnten. Die Stimmung war locker, und wir verstanden uns gut. Danach hatten wir noch etwas Zeit, bevor wir mit den Geisterjägern verabredet waren. Ich suchte mir eine ruhige Ecke, um Beau anzurufen.

»Brauchst du etwa doch meine Hilfe?«, fragte mein Mentor anstelle einer Begrüßung.

»Wir haben noch gar nicht angefangen, also kann ich das gar nicht genau sagen. Aber ich habe eine Frage und … äh … etwas zu erzählen.«

»Ihr seid jetzt also zusammen, du und dieser Havili?«

Ich nahm das Handy vom Ohr und starrte es misstrauisch an, dann hob ich es wieder ans Ohr. »Du hast mich doch nicht etwa verwanzt?«

Beau schnaubte. »Das ist ja nun keine große Überraschung, Junge. Du klingst so, als würdest du vor Stolz platzen.«

»Dazu habe ich auch allen Grund, danke auch.« Alte Menschen kannten sich aus. Beau war der lebende Beweis. »Ja, wir sind zusammen. Ich hätte ihn gerne als Partner. Wie beantrage ich das?«

»Dabei helfe ich dir, das sollte kein großes Problem darstellen. Du hast Vorrang, wenn du einen Wunschkandidaten hast, und den Papierkram für deine Zulassung habe ich schon abgegeben.«

Ich war verblüfft. »Jetzt schon? Ich dachte, du würdest bis nach diesem Job warten.«

»Wovon redest du? Der Job ist erledigt. Der Geist ist im Jenseits, oder nicht?«

Oh. Den Job meinte er. Ich hatte gedacht, die Geister-jäger-Truppe würde auch dazuzählen. »Ah. Ja, das stimmt, das ist sie. Okay. Ich kann meinen Antrag also auch gleich einreichen?«

»Sicher. Das FBI möchte, dass alle Medien und Geister-seher einen Anker haben. Je früher, desto besser. Das wird dir vermutlich innerhalb von 48 Stunden bewilligt.«

Das stürzte mich schon wieder in Verwirrung. Meine Er-fahrung war, dass keine Regierungsbehörde der Welt jemals irgendetwas schnell erledigte. »Und kann ich eine vorüber-gehende Stationierung in Nashville beantragen, bis Bran-don mit der Ausbildung fertig ist?«

»Na klar. Ich habe schon ein paarmal erlebt, dass jemand das gemacht hat. Du kannst bei deinem Kerl bleiben, Mack. Tief durchatmen.«

Ich hätte ihn am liebsten umarmt. »Oh, danke – da bin ich echt erleichtert. Ich bleibe heute über Nacht bei Bran-don und komme dann morgen wieder, wahrscheinlich am späten Nachmittag. Dann können wir uns diesen Papier-kram vornehmen.«

»In Ordnung. Bis dann. Dass du keinen ungeschützten Sex haben sollst, brauche ich dir nicht zu sagen, oder?«

Ich verdrehte die Augen, antwortete aber geduldig: »Nein, Beau.«

»Ein Glück. Na dann viel Spaß mit deinem Boy.« Und schon hatte Beau aufgelegt.

Ich liebte diesen Kerl. Hoffentlich würde er niemals sterben.

Ich spürte zwei warme Arme, die sich von hinten um mich schlangen, und lehnte mich lächelnd zurück. Umar-mungen von Brandon erinnerten mich daran, wie meine Mutter mich manchmal in die noch vom Trockner warme Bettdecke eingewickelt hatte. Für mich bedeutete es Wärme, Zärtlichkeit und Geborgenheit in einem. Am liebsten hätte ich mich in der Umarmung verkrochen und wäre erst in ein paar Monaten wieder hervorgekommen.

»Und? Was sagt er?«, erkundigte sich Brandon, das Kinn auf meinen Kopf gestützt.

Ich legte den Kopf in den Nacken und antwortete: »Beau glaubt, dass wir Priorität haben, wegen diesem Geisterse-her-braucht-Anker-Ding. Er meint, wenn wir morgen nach Hause kommen und den Antrag einreichen, sollte er inner-halb von 48 Stunden durchgewunken werden.«

Brandon wirkte überrascht. »So schnell?«

»Wie gesagt, Priorität. Beau erklärt uns morgen den Pa-pierkram, aber ich könnte mir vorstellen, dass er sich heute schon dransetzt. Er hat es nicht direkt ausgesprochen, aber er ist voll erleichtert, dass wir zusammenarbeiten wollen.«

»Ich bin schwer dafür, das alles so schnell wie möglich anzukurbeln.« Brandon verdaute das einen Moment. »Aber das bedeutet auch, dass du in 48 Stunden nach Nashville versetzt wirst, oder?«

»Glaube schon.«

»Und du würdest wahrscheinlich fahren, damit du dein Auto gleich dahast.«

»Wahrscheinlich, ja.« Ich hatte schon eine Ahnung, wo-rauf er hinauswollte. »Du weißt schon, dass ich auch von Louisiana bis hierher gefahren bin, oder?«

»Was ich weiß, ist, dass du jeden Tag eine Gefahr für den Straßenverkehr bist. Das weiß ich.«

Jon hatte mich vorgewarnt, dass es den Havilis im Blut lag, überbesorgt zu sein. Anscheinend hatte ich gerade eine Schwachstelle bei Brandon entdeckt. »Du willst mich selber nach Nashville fahren, gib's zu.«

»Ich habe sehr gute Gründe dafür. Außerdem willst du doch sicher lieber nicht alleine sein auf der Fahrt. Das wäre doch öde.«

Ich mochte lange Autofahrten tatsächlich nicht. Üblicherweise eierte ich dabei zwischen Angst und Langeweile hin und her, je nachdem, wie viele Geister mir vors Auto sprangen. Es war wirklich ein Wunder, dass ich bisher ohne Herzinfarkt durchgekommen war. »Ich will mich gar nicht beschweren. Das weißt du hoffentlich. Natürlich wäre es mir lieber, wenn du mich begleiten würdest.«

»Dann machen wir das auch so. Jon und Donovan haben bestimmt nichts dagegen, wenn sie alleine zurückfahren müssen.«

Da war wahrscheinlich auch etwas dran.

Dave winkte uns von der Treppe aus. »Sind Sie so weit? Wir machen gleich das Licht aus.«

Die Pflicht rief. Nicht, dass ich mich nicht darauf gefreut hätte. »Ja, wir sind bereit. *Laissez les bons temps rouler.* Kellergeschoss?«

»Kellergeschoss«, bestätigte Dave strahlend.

Ich fühlte mich gerade ein bisschen, als wäre ich Willy Wonka und würde Dave zu einer Führung durch meine Geisterfabrik mitnehmen. Er war jedenfalls entsprechend begeistert. Wir folgten ihm die Treppe hinunter bis zum Kellergeschoss, nur um festzustellen, dass alle anderen schon da waren. Jon lehnte an der Wand, in sicherer Distanz zu den Kameras. Mir fiel plötzlich auf, dass ich ihn gar nicht gefragt hatte, wie viel er von den Geistern eigentlich sehen konnte. Dass er etwas sah, war offensichtlich, sonst hätte er auch nicht gemerkt, dass es in seiner Schneekugel spukte. Ich stellte mich neben ihn. »Wie empfänglich bist du eigentlich?«

»Für Geister?« Er legte den Kopf schief und dachte kurz nach. »Nicht besonders. Ich kann ihre Aura erkennen, aber ich kann nicht mit ihnen kommunizieren. Lesen kann ich sie aber auch nicht so recht. Ich bekomme nur mit, dass sie da sind.«

Wenn man die Art seiner Gabe in Betracht zog, war es erstaunlich, dass er überhaupt etwas wahrnahm. »Okay. Also kannst du sie zumindest in die richtige Richtung lenken. Kommunizieren bleibt mir überlassen.«

»Darauf läuft es hinaus, ja.« Mit spitzbübischem Funkeln in den Augen fügte er hinzu: »Und ich leihe mir deinen Freund aus. Er ist heute Abend meine lebende Abschirmung.«

»Das geht in Ordnung. Du hast ja schon einen eigenen Havili. Ich bin nicht eifersüchtig.«

»Den habe ich«, bestätigte Jon zufrieden.

»Sind wir so weit?«, rief Marianne irgendwo im angrenzenden Raum.

»Ja!«, antworteten wir im Chor.

»Licht aus!«

KAPITEL 11

BRANDON

Sich im Dunkeln in einem Gebäude aufzuhalten, in dem es spukte, war einfach großartig. Vielen Leuten machte allein das schon Angst. Ich zum Beispiel hatte das Schulgelände im Dunkeln immer ziemlich gruselig gefunden. Aber hier und jetzt, in diesem Hotel, ohne Licht und mit der hohen Wahrscheinlichkeit, dass sich gleich etwas manifestieren würde? Supergruselig.

Ich hatte so viel Spaß!

Wir bewegten uns langsam durch die Kellerräume voran, und ich versuchte krampfhaft, nicht jedes kleinste Geräusch als etwas Geisterhaftes auszulegen. Es fiel mir wirklich schwer. Ich wollte so, so gerne, dass gleich etwas um die Ecke schoss.

Jon lachte leise neben mir. »Manchmal bist du so was von das krasse Gegenteil von deinem Bruder. Schau dich doch mal an – dein inneres Kind hüpft geradezu auf und ab vor Vergnügen und quietscht vor freudiger Erwartung.«

Das konnte ich nicht bestreiten. »Ehrlich gesagt geht es auf meine Kappe, dass Don so schlecht mit Horror umgehen kann. Hat er das schon erzählt?«

»Neiiiin«, antwortete Jon mit wachsender Begeisterung. »Was ist denn passiert?«

»Ich war vielleicht sieben oder acht. Und ich hatte als Kind oft Nasenbluten. Manchmal sah das ziemlich abenteuerlich aus, denn es hat stark geblutet. Nichts Besorgniserregendes, nur ein krasser Anblick. Einmal bin ich mitten in der Nacht blutüberströmt aufgewacht. Ich hab mich aufgesetzt, und das Blut lief immer noch weiter. Mein Shirt, mein Gesicht, meine Hände, alles war vollgeblutet – ich muss gewirkt haben wie ein Statist in einem Horrorstreifen. Don und ich hatten ein Zimmer zusammen, er war also die nächste Anlaufstelle. Also hab ich ihn wach gerüttelt.«

Jon und Mack kicherten jetzt schon, denn sie konnten sich denken, was gleich kommen musste.

»Genau«, bestätigte ich, und es war sicher nicht sehr nett von mir, aber auch ich musste lachen, als ich mich zurückerinnerte. »Er hat den markerschütterndsten Schrei von sich gegeben, den ich je von einem Menschen gehört habe. Man kann es ihm nicht vorwerfen. Ein blutverschmiertes Kind, das dich aus dem Tiefschlaf reißt und um Hilfe bittet? Da hätte jeder geschrien. Don mochte ja schon davor keine Geistergeschichten. Aber danach? Keine Chance mehr.«

»Das ist ja furchtbar«, stellte Jon lachend fest. »Kein Wunder, dass er dir die Schuld an allem gibt. Er hat es immer wieder gesagt, aber nie näher erklärt.«

Ich zuckte nur die Achseln. Zu meiner Verteidigung gab es nichts vorzubringen.

Wir hatten den Wirtschaftsbereich erreicht, wo es aussah wie in jedem anderen Keller auch: reihenweise Regale mit Vorräten. Ein Metallspind, ein großer Spülstein mit abgenutzter Ablage, der wirkte, als gehörte er zur ursprünglichen Ausstattung des Gebäudes. Es war etwas eng, da hier alles aufbewahrt wurde, was ein Hotel am Laufen hielt, aber wir schafften es, uns hineinzuquetschen. Die Geisterjäger-Truppe war mit den Kameras und der Ausrüstung vorausgegangen, Jon und ich hielten uns im Hintergrund. Wir konnten aber alles gut sehen, denn niemand versperrte uns die Sicht.

»Also, die Geschichte dieses Raumes ist folgende: Hier war die Leichenhalle untergebracht. Baker sezierte gerne seine verstorbenen Patienten, um die betreffende Krankheit zu studieren. Hier standen früher ganze Fässer mit Formaldehyd.« Dave schaute Mack fragend an. »Das wurde mir zumindest gesagt.«

»Es stimmt«, bestätigte Mack.

»Iiihhh«, fasste Jon seine Meinung zusammen, und andere stimmten mit ein.

Mein neuer Lover blieb in meiner Nähe. Das war mir recht, denn so konnte ich beide Männer gleichzeitig im Auge behalten. Jon stand neben mir, und Mack hielt meine Hand und lehnte sich an mich. Ich mochte Körperkontakt, und er ganz offensichtlich auch. Ich versuchte, mich nicht zu sehr davon ablenken zu lassen, wie sehr ich es genoss, dass er sich an mich schmiegte. Wir waren schließlich zum Arbeiten hier.

»Wie viele Geister sind es gerade?«, fragte Harry hoffnungsvoll.

»Bisher kein einziger. Aber sie wandern auch gerne herum. Sie bleiben zwar im näheren Umkreis, aber das muss nicht immer ein bestimmter Raum sein. Ah, eines sollte ich noch erwähnen, bevor es losgeht. Einige Dinge auf Ihrer Liste sind eher ortsgebundene Spukphänomene als echte Geister.«

»Zum Beispiel?«, fragte Les.

»Sie sagten, es gibt Berichte von Erscheinungen von Baker im ersten Stock? Auf dem Weg vom Fahrstuhl zu seinem Büro?« Mack schüttelte den Kopf, den Mund leicht verzogen. »Es würde mich sehr wundern, wenn er es wirklich wäre. Baker ist in Florida gestorben.«

Alle Anwesenden zuckten zusammen.

Ich sah ihn verwundert an. »Woher weißt du das?«

»Hab ich gleich recherchiert, als ich in die Stadt kam. Ich wollte Einzelheiten über die Geschichte des Hotels erfahren. Und als ich gehört hatte, dass Sie kommen, habe ich noch etwas genauer nachgeforscht. Baker ist mit Mitte sechzig in Florida an Leberzirrhose verstorben.«

»Na so was.« Dave nahm die Mütze ab und kratzte sich am Kopf. »Das wirft ein neues Licht auf die Sache. Kein Wunder, dass Sie an einen ortsgebundenen Spuk denken. Es wird von einem Mann in viktorianischer Kleidung berichtet, der den Flur entlanggeht. Vielleicht ist es einfach jemand anders?«

»Möglich«, räumte Mack ein. »Es wird oft vergessen, dass er nicht besonders lange Eigentümer des Hotels war. Es gab andere Besitzer vor ihm und welche nach seiner Zeit. Er ist einfach der berühmteste. Es könnte also gut auch jemand anders – oh, es ist so weit.« Mack zeigte auf den Spind. »Die Kameras da draufhalten. Scheint so, als würden wir Besuch von einem Soldaten bekommen.«

»Ein Soldat?«, fragte Marianne nach, während sie eine Thermokamera auf den Spind hielt. »Ach du lieber Gott, man kann ihn ganz deutlich sehen! Die Kappe ist klar zu erkennen!«

Am liebsten hätte ich angefangen, enttäuscht zu quengeln. Ich sah null Komma nichts. Warum war ich nur so wenig empfänglich?

Mack trat lächelnd zwei Schritte vor. »Guten Abend, Sir. Ja, wir sind ziemlich viele. Keine Sorge, sie sind alle freundlich. Sie sind nur daran interessiert, mehr über die Geschichte dieses Hauses zu erfahren.« Er legte den Kopf schief und hörte einen Moment zu. »Ich verstehe. Nein, die habe ich nicht gesehen. Aber ich werde ihr gerne ausrichten, dass Sie nach ihr suchen. Wie war der Name noch gleich? Amelia Hartford. Ja, Sir, die Nachricht werde ich gerne weitergeben.«

»Und schon ist er wieder weg.« Marianne wirbelte herum und zeigte auf Harry. »Spul den Minirekorder zurück. Haben wir das auf Band?«

Harry tat, wie ihr geheißen, dann drückte sie auf »Play« und drehte die Lautstärke hoch.

Schwach, aber unverkennbar konnte man eine raue Baritonstimme hören: »… sie seit vierzehn Tagen schon nicht mehr gesehen. Ich wundere mich darüber und mache mir Sorgen.«

»Wie war der Name noch gleich?«, hörte man Mack fragen.

»Miss Amelia Hartford. Wir treffen uns für gewöhnlich im Foyer. Ich weiß einfach nicht, wo sie geblieben sein kann.«

»Amelia Hartford. Ja, Sir, die Nachricht werde ich gerne weitergeben.«

»Sehr liebenswürdig. Ich bedanke mich und wünsche Ihnen Glück bei Ihrem Unterfangen heute Abend.«

Dave und Les hakten sich ein und machten ein Freudentänzchen. Ich konnte ihre Freude nachvollziehen. Es war eine ganz schöne Errungenschaft, so viele Beweise auf einmal zu finden.

Mack trat wieder an meine Seite und nahm meine Hand. Das tat er, glaube ich, auch, weil ihn fror. Seine Finger waren ganz kalt. Es war auch wirklich kühl hier unten. Vielleicht lag es daran.

»Sonst haben wir die Stimmen nie so deutlich einfangen können«, stellte Marianne verblüfft fest. Sie blickte Mack misstrauisch an. »Haben Sie etwas damit zu tun?«

»Das gehört einfach zu meiner Person«, antwortete Mack achselzuckend. Die Unterstellung schien ihn nicht weiter aus der Ruhe zu bringen. »Sie wissen sicher, dass man sagt, Geisterseher und Medien gehören zur gleichen Kategorie, oder? Was Sie gerade erlebt haben, ist der Grund dafür. Unsere Gemeinsamkeit besteht darin, dass wir beide eine übersinnliche Aura haben. Jon erlaubt das, jeden zu lesen, den er sehen kann. Und meine Anwesenheit erlaubt allen Geistern, zu wachsen und mehr Energie zu bekommen.«

Mariannes Augen weiteten sich. »Und dann haben sie mehr Kraft dafür, sich zu manifestieren?«

»Genau. Geister sind automatisch besser sichtbar und besser zu verstehen, wenn ich in der Nähe bin. Ich kann ihnen Energie geben und ihnen helfen, sich zu manifestieren, aber ehrlich gesagt muss ich mich meist gar nicht bemühen.«

Das war mir neu. Wenn ich mir die Mienen der anderen Anwesenden ansah, Jons eingeschlossen, ging es ihnen genauso. Ob das zu den Dingen gehörte, die alle in diesem Geschäft wussten? Außerhalb dieser Kreise war es jedenfalls nicht bekannt.

»Ich lerne heute jede Menge dazu. Aber wieso ein Soldat?«, fragte Jon verdutzt. »Hat hier in der Nähe mal eine Schlacht stattgefunden?«

»Bürgerkrieg.« Les unterbrach seinen Freudentanz, um Auskunft zu geben. »Die Schlacht von Pea Ridge. Das ausschlaggebende Gefecht 1862, bei dem die Union den Konflikt um Missouri für sich entscheiden konnte. Ganz in der Nähe liegt ein Gedenkpark.«

»Aha. Dann kann ich auch den Soldaten einordnen.« Jon blickte sich um. »Bleiben wir noch etwas?«

Dave drehte sein Handgelenk und schaute auf die Uhr. »Noch dreißig Minuten, würde ich sagen. Dann wechseln wir den Standort. Wenn wir Zeit haben, kommen wir später noch mal wieder.«

Das schien ein vernünftiger Plan zu sein. Die Kamera in der Ecke lief nonstop weiter, also würde die Stelle nicht komplett unbeobachtet bleiben. Hoffentlich hatten sie brauchbares Material aufnehmen können. Mit dem bloßen Auge hatte ich leider nichts gesehen. Wie frustrierend.

Außer einer Erscheinung, die ich als Teenager gehabt hatte, und dem kurzen Blick auf Miss Emma heute hatte ich noch nie Geister zu Gesicht bekommen. Nur diese beiden. Und den zweiten hatte ich nur erkennen können, weil ein Geisterseher dabei gewesen war.

Ich war etwas hin und hergerissen. Einerseits wäre ich gerne empfänglicher gewesen, andererseits war es auch gut, dass ich es nicht war. Wenn ich sie besser wahrnehmen könnte, wäre ich kein guter Anker, denn dann würden mich die Geister genauso verwirren wie einen Geisterseher. Es war also besser so. Aber es schmerzte mich auch ein wenig. Verdammt noch mal, wie gerne hätte ich sie auch gesehen.

Wir warteten noch dreißig Minuten, bemerkten aber nichts weiter, also zogen wir weiter in den ersten Stock. Etwa einen Meter vor der Tür zum ehemaligen Büro von Baker blieben wir stehen: Das war nah genug, um etwas erkennen oder hören zu können, es blieb aber auch noch genug Abstand, um dem Geist nicht zu nahe zu treten. Jon hielt sich in sicherer Entfernung vom Fahrstuhl und von den Wandleuchten. Ich lehnte mich zusätzlich mit den Schultern an die Wand, um eine Barriere zwischen ihm und den Leitungen zu bilden, sodass er bequem in der Mitte des Flurs stehen konnte.

Das merkte er natürlich und sagte lächelnd: »Das machst du wirklich super, wie du vorhersiehst, wo ich mich aufhalten kann.«

»Ich mache eigentlich nur nach, was ich bei Don beobachtet habe. Und ich versuche zu bedenken, wie die Leitungen im Gebäude verlegt sind. Manche Dinge vermeidest du ja schon selbst, wie Lichtschalter und automatische Türen. Ich reagiere auf dein Verhalten.«

»Du hast aufmerksam gelernt, junger Padawan«, verkündete er würdevoll.

»Vielen Dank, Meister«, gab ich trocken zurück.

129

Harry hatte mitgehört und trat näher, um zu fragen: »Was machen Sie da?«

Ich zeigte auf den Rekorder in ihrer Hand. »Nimm das bitte in die andere Hand, Harry, und halte es ein Stück von dir weg. Zwischen Jon und elektronischen Geräten sollte immer ein Meter Abstand bleiben.«

Sie gehorchte – braves Mädchen –, sah Jon aber neugierig an. »Sie haben vorhin gesagt, dass Sie Sachen durchbrennen lassen. Müssen Sie sie dafür gar nicht anfassen?«

»Es kann sich schon auswirken, wenn ich längere Zeit im gleichen Raum bin. Man sollte lieber nichts riskieren. Wäre doch schade um das schöne Material.« Jon zuckte resigniert die Achseln.

»Um deine Frage zu beantworten, Harry: Ich werde zum Anker ausgebildet.« Ich deutete mit der Hand auf unsere direkte Umgebung. »Jons Lob bezog sich darauf, dass mir gleich klar war, dass er hier nicht viel Bewegungsraum hat. Du musst es mal so betrachten: Die Wandleuchten und die Steckdosen in der Wand hängen alle an elektrischen Leitungen. Der einzige sichere Ort für ihn ist mitten im Flur.«

»Ooooh.« Sie nickte. »Das ist ja ganz schön hart. Aber ich dachte, Sie sind schon Anker.«

»Noch nicht ganz. Mack, Jon und Donovan sind meine drei Ausbilder.«

Sie riss die Augen auf. »Drei Ausbilder?«

»Ja, weil es so wichtig ist. Ich muss jederzeit das situative Bewusstsein für meinen Partner haben, denn seine Sicherheit hängt von meiner Beobachtungsgabe ab. Wenn ich im falschen Moment nicht aufpasse, riskiert er Leib und Leben.«

Mack zog eine Grimasse. »Ich wollte, das wäre übertrieben. Ist es aber leider nicht.«

»Genau so sieht es aus.« Dann wurde Jon plötzlich wachsam und fuhr herum. »Oha?!«

Mack blickte in die gleiche Richtung und gab ein überraschtes Schnaufen von sich. »Na so was. Also doch nicht nur ein ortsgebundener Spuk.«

Mehrere Geräte sprangen an und wurden auf den Fahrstuhl gerichtet.

»Guten Abend, Sir«, grüßte Mack. Er ging der Erscheinung entgegen, dann hielt er inne und lächelte. »Nein, ich gehöre nicht zum Hotelpersonal. Ich bin auf der Suche nach Miss Amelia Hartford. Sind Sie ihr begegnet? Verstehe. Sind Sie der Inhaber? Ah, sehr erfreut, Mr Maddox. In der Tat, Sir. Nein, das ist absolut in Ordnung. Ich frage für einen Freund. Bestimmt haben sie sich nur verpasst. Danke. Ihnen auch einen angenehmen Abend.«

Wieder hatte ich weder etwas gehört noch gesehen. Aber Daves Kamera nahm offenbar etwas auf, denn er schwenkte langsam auf die Tür zum Büro, dann warf er die Faust in Siegerpose hoch. »Hab ihn! Oder jedenfalls eine vage humanoide Gestalt mit Zylinder und etwas, das wie ein Spazierstock wirkte. Wer war das?«

»Mr Maddox«, erwiderte Mack. »Er ist der Direktor vom Crescent College, jedenfalls hat er sich so vorgestellt.«

Les hatte schon das Handy in der Hand, um nachzuschauen. »Das könnte stimmen. Crescent College wurde 1908 gegründet, von A. S. Maddox und J. H. Phillips. Maddox ist als erster Direktor eingetragen.«

»Was für cooles Material wir heute zusammenkriegen!« Harry war ganz aus dem Häuschen. »Können wir noch weitermachen?«

»Natürlich«, versicherte ihr Mack.

Marianne hob den Kopf, um ihn prüfend zu betrachten. Dann fragte sie besorgt: »Sind Sie auch nicht zu müde?«

»Pfft, nach der kurzen Zeit? Wir sind doch erst zwei Stunden dabei.« Mack rieb sich die Hände. »Wo machen wir jetzt weiter? Zimmer 419, wo Taschen sich mysteriöserweise von alleine packen, oder Zimmer 250, wo Krebspatienten untergebracht wurden, nachdem die ›Behandlung‹ nicht mehr anschlug?«

*

Acht Stunden später musste ich Mack ins Bett bugsieren. Er ließ sich in die Matratze sinken und lächelte zu mir hoch. »Das hat Spaß gemacht. Ich bin so froh, dass wir noch einen Abend mit ihnen haben.«

»Ich glaube, du hast es ein bisschen übertrieben.« Er sah aus, als wäre er kurz vor dem Koma. Ich zog ihm Schuhe und Jeans aus (wer schläft schon gerne in Jeans?), dann deckte ich ihn zu. »Mack, ist es anstrengend, deine Gabe zu benutzen?«

»Hmmm, nö«, antwortete er, während er sich in mein Kopfkissen wühlte. »Bin nur müde. Können wir Sex haben, wenn ich aufwache?«

Ich schnaubte belustigt angesichts seiner Prioritäten. »Aber ja, Süßer. Die warten zu Hause nicht auf dich, oder?«

Er winkte ab – das sollte wohl ein Nein sein –, und eine Sekunde später schnarchte er auch schon. Ja, er war weg. Ich schüttelte den Kopf, zog mich bis auf T-Shirt und Unterhose aus, kletterte zu ihm ins Bett und kuschelte mich an seinen Rücken. Er schmiegte sich an mich, dann schnarchte er sofort weiter – zum Glück ziemlich leise. Das konnte ich einfach ignorieren. Ich hatte einen sehr tiefen Schlaf.

Als ich langsam zur Ruhe kam, übermannte mich die Müdigkeit. Ich wehrte mich nicht. Wir hatten heute große Erfolge zu verzeichnen gehabt. Es hatte sehr viel Spaß gemacht, obwohl ich mit bloßem Auge nichts hatte erkennen können. Die Crew hatte ein paarmal das Material zurückgespult, damit ich die Aufnahmen auf dem kleinen digitalen Bildschirm sehen konnte, und das allein war schon großartig gewesen. Alles in allem war ich sehr zufrieden – wir hatten richtig gutes Material, und es war mir gelungen, beide Männer im Auge zu behalten. Mack war gegen keine Wand gelaufen und keine Treppen hinuntergestürzt, und Jon hatte keine Geräte zerstört. Ein toller Abend war das gewesen.

Noch während ich einschlief, nahm ich mir vor, mich etwas näher mit Macks Gabe zu befassen. Ich musste lernen, was seine Grenzen waren. Für den Moment genoss ich aber einfach das Gefühl, seinen warmen Körper an meinem zu spüren.

Kapitel 12

MACK

Mittags fuhren wir zum Essen zu Beau und Hannah, um mit Beau den Papierkram zu erledigen. Außerdem wollte er bestimmt Brandon kennenlernen und sich mit ihm unterhalten. Ich hatte Hannah vorgewarnt, reichlich zu kochen, und das hatte sie auch beherzigt. Auf dem Tisch standen sieben verschiedene Zutaten für Burritos. Das war ein ungefährliches Gericht für mich, da ich selbst entscheiden konnte, was ich zu mir nahm, und ich hatte meine Chips, die ich auf jeden Fall dazu essen konnte.

Ich füllte meinen Teller und setzte mich an den Tisch. Es war schön, etwas zu essen, das ich nicht selbst zubereitet hatte. Brandon langte begeistert zu und seufzte glücklich auf, während er kaute.

»Deine Mutter hat heute Morgen angerufen«, teilte Beau mir mit, mit einem Blick, der potenziellen Ärger verhieß.

Mir wäre fast der Appetit vergangen. »Lass mich raten. Sie wollte, dass du es irgendwie ermöglichst, dass ich in der Nähe von Opelousas stationiert werde.«

»Na so was, du kannst ja plötzlich wahrsagen!«

Ich verdrehte die Augen. Dazu brauchte ich nun wirklich kein Orakel zu sein. Meine Mutter war leider einfach ziemlich vorhersehbar.

»Keine Sorge. Ich habe ihr gesagt, dass das nicht meine Entscheidung ist, und ihre genauso wenig. Dass du dorthin kommst, wo das FBI dich braucht. Das hat ihr nicht besonders gefallen. Aber mir hat es nicht besonders gefallen, dass sie deine Ausbildung so lange hinausgezögert hat, also war mir das relativ schnuppe.«

»Ich liebe dich, Beau«, sagte ich ernst.

Er schnaubte. »Ich habe auch erwähnt, dass du jemanden gefunden hast, den du magst und mit dem du dich vielleicht verankern wirst, und das hat sie dann erfolgreich vom Thema abgelenkt. Vielleicht rufst du sie an und erklärst ihr, was Sache ist. Ich bin nicht ganz sicher, ob sie mich verstanden hat.«

Meine Mutter war dafür bekannt, Dinge misszuverstehen, ich war also wenig überrascht. Sie redete leidenschaftlich gern, aber Kommunizieren war trotzdem nicht ihre Stärke. Und das, obwohl ich bereits mit ihr über Brandon gesprochen hatte. »Ich rufe sie später an. Falls sie sich nicht vorher meldet.«

Ein Summen war zu hören, und Brandon zog das Handy hervor. »Apropos Mütter. Entschuldigen Sie mich bitte kurz.« Er stand auf und ging nach nebenan, ins Wohnzimmer. »Hi, Mom!«

Wir konnten alles hören und ihn durch die offene Tür sehen. Brandon drehte sich um und merkte, dass ich ihn beobachtete. Da blitzte auf seinem Gesicht ein spitzbübischer Ausdruck auf. Er verfiel abrupt in einen Singsang voller Vokale und auffälliger L und K-Laute. Es klang ungewohnt, rhythmisch und melodisch. Zu meiner eigenen Überraschung war ich so fasziniert, dass ich vergaß weiterzuessen.

Hannah reckte den Hals und schaute ebenfalls in seine Richtung. »Was spricht er da? Das habe ich ja noch nie gehört.«

»Tongaisch«, antwortete ich geistesabwesend, immer noch ganz gebannt. Meine Güte, war das sexy. Warum fand ich das sexy? Hatte ich etwa einen intellektuellen Kink, von dem ich nichts wusste?

Brandon ließ den Kopf einen Moment sinken, und ich konnte sehen, dass er langsam frustriert war. Seine nächsten Worte hatten einen knurrenden Unterton. »*'Oku ikai te u ilo.* Warum fragen wir ihn nicht einfach selber? Mack?«

Ich stand auf und ging zu ihm rüber. »Was gibt's?«

»Meine Mutter möchte wissen, wo du in Nashville wohnen wirst«, erklärte er. »Ihr gefällt die Vorstellung nicht, dass du ins Hotel gehen könntest. Ich habe bei Jon und Donovan gewohnt. Da sie nicht möchte, dass du bei den beiden auf der Couch landest, bietet sie dir das Gästezimmer in meinem Elternhaus an.«

Es war zwar schmeichelhaft, dass eine Frau, die mich noch nicht mal kannte, mir ihrem Sohn zuliebe ihr Haus öffnete, aber ich hatte das Gefühl, nicht ganz folgen zu können. »Gibt es irgendeinen Grund, warum ich nicht bei dir schlafen kann?«

Mama Havili hatte mich definitiv verstanden. Sie fing wieder an, schnell und erzürnt auf Tongaisch auf Brandon einzureden.

Er zuckte zusammen und hielt den Hörer etwas vom Ohr weg. »Mom. Mom, reg dich ab. Wie kommst du denn darauf? Entschuldige bitte, ich bin doch nicht mein Bruder. Er ist der mit den Männergeschichten, nicht ich.«

Das fand ich hochinteressant und sehr witzig. Die beiden mussten ein sehr gutes Verhältnis haben, wenn sie so miteinander sprachen. Ich fand es auch amüsant, dass Brandon das Gefühl hatte, Donovan könnte das mit den Männern besser als er. Das musste ich ihm in einer ruhigen Minute noch sagen – ich hatte null Beschwerden auf diesem Gebiet. Bisher war er einfach wunderbar gewesen.

Sie beruhigte sich etwas – von vulkanischem Zorn herunter zu einem milden Sturm – und sagte wieder etwas, wovon ich keinen Pieps verstand. Ob es tongaische Sprachführer gab? Ich hatte das Gefühl, dass ich mir so einen anschaffen musste.

»*'Io. 'Io. U mahino.* Mack, sie will mit dir sprechen. Meine Mutter Alani.«

Damit reichte er mir das Handy, und ich nahm es, dankbar für die Vorwarnung. »Hallo, Mrs Havili.«

»Hallo, Mack. Ich entschuldige mich für meinen Sohn. Ich dachte, ich hätte ihn so erzogen, dass er nicht gleich beim ersten Date über jemanden herfällt.«

Ich hätte gerne gefragt, woher sie von dem ersten Date wusste, beschloss aber, die Frage auf später zu verschieben. »Sie brauchen sich überhaupt nicht zu entschuldigen. Ihr Sohn hat sich absolut vorbildlich benommen, vom ersten Moment an. Die Verführung geht auf mein Konto. Ich muss gestehen, dass ich es war, der über ihn hergefallen ist.«

Sie platzte laut heraus, ein warmes, ansteckendes Lachen. »Ach wirklich? Na dann – dann habe ich wohl voreilige Schlüsse gezogen. Brandon ist ja auch noch dabei, mit sich selber ins Reine zu kommen. Aber in letzter Zeit ist jedes Mal, wenn er anruft, gerade etwas Monumentales passiert. Ich muss sagen, es war ein bisschen, als stünde man unter Schnellfeuer. Mir wurde schon beim Zuhören ganz schwindelig! Meine Söhne haben keine Geduld, wenn sie jemanden mögen, müssen Sie wissen. Sie können manchmal wie Dampfwalzen sein. Sie sollten sich mal erzählen lassen, wie das bei Jon und Donovan war.«

Aha. Sie dachte also, dass Brandon mich überrumpelt hatte. Jetzt verstand ich, wovon sie redete. »Keine Sorge. Ich kann Ihnen versichern, dass wir beide genau das gleiche Tempo vorlegen. Ich fühle mich nicht überfahren.«

»Das beruhigt mich etwas. Und Mack, ob Sie nun bei uns wohnen oder woanders – ich möchte gerne, dass Sie regelmäßig zum Essen kommen. Ich möchte Sie gerne kennenlernen.«

So offen von den Eltern eines Freundes eingeladen zu werden, war neu für mich. Ich war ebenso aufgeregt wie verängstigt. Was, wenn sie beschloss, dass ich nicht gut genug für ihren Sohn war? Mütter in den Südstaaten hatten oft sehr genaue Vorstellungen davon, wer zu ihren Kindern passte. Ob tongaische Mütter auch so waren? »Ich denke, wir werden in etwa vier Tagen in Nashville sein. Sollen wir dann gleich zum Essen vorbeikommen?«

»Das wäre schön. Das machen wir so.«

Es dauerte noch etwas länger, bis Brandon fertig telefoniert hatte, und ich setzte mich wieder an den Tisch, um in Ruhe aufzuessen. Ich dachte darüber nach, wie es wohl sein würde, bei seiner Familie zu wohnen, während er seine Ausbildung abschloss. Es hatte das Potenzial, peinlich zu werden, gar keine Frage. Und dennoch freute ich mich irgendwie. Ich war noch nie bei einer anderen Familie aufgenommen worden. Ich hatte noch nicht mal bei anderen Leuten übernachtet, bevor ich zu Hannah und Beau gekommen war. Bei aller Nervosität, dass es schiefgehen könnte, wollte ich es doch gerne ausprobieren – vielleicht würde es ja gut laufen.

Nachdem wir gegessen hatten, ging Beau mit uns den Papierkram durch. Darüber war ich wirklich froh, weil es nicht gerade unkompliziert war. Warum waren die Formulare von Regierungsbehörden grundsätzlich komplizierter als notwendig? Dennoch – ich beschwerte mich nicht. Wenn es das war, was wir tun mussten, damit Brandon in meiner Nähe sein konnte, dann war es die Sache auf jeden Fall wert.

*

Keine vier Stunden später klingelte mein Handy. Ich hörte den »Ghostbusters«-Klingelton durch meine Jacke und zog es heraus, während ich das Hotel durch den Eingang betrat. Wir waren zur zweiten Runde mit den Geisterjägern wiedergekommen. In etwa dreißig Minuten sollte die Show beginnen.

Ich sah auf das Display und wunderte mich über den Zeitpunkt des Anrufs. Meine Supervisorin war eine … interessante Frau. Gelinde gesagt. Ich hielt Brandons Hand, vertraute darauf, dass er mich führen würde, und nahm den Anruf an. »Hallo, Sylvia.«

»Hallo, mein junger Protegé. Hast du ein paar Minuten Zeit?«

Ich interpretierte das als »Nimm dir bitte ein paar Minuten Zeit«. »Na klar. Ich muss mir nur eine ruhige Ecke suchen. Ich bin in einer Hotellobby.«

Brandon verstand und deutete an, dass er auf sein Zimmer gehen würde, und ich nickte und löste mich von ihm, dann machte ich mich auf den Weg zur Lobby im ersten Stock. Ich mochte diesen Ort wirklich sehr. Es war selten jemand hier, und man konnte sich in Ruhe unterhalten. »Okay, ich bin da.«

»Ich habe gestern gesehen, dass du deine Ausbildung erfolgreich abgeschlossen hast, was mich sehr gefreut hat. Gratuliere.«

»*Merci.*«

»Was mich aber erstaunt, ist dieser Antrag, den ich hier auf dem Tisch habe. Willst du mir ernsthaft weismachen, dass du innerhalb von zwölf Stunden jemanden gefunden hast, den du so sehr magst, dass du ihn als Partner anfordern willst?«

Ich hörte den Zweifel in ihrer Stimme. Sie hatte natürlich allen Grund, skeptisch zu sein. »Ja, ich kann mir vorstellen, dass es für dich etwas seltsam klingt. Lass es mich eins nach dem anderen erklären.«

»Ich bin ganz Ohr.«

Sylvia war eine gute Zuhörerin. Das war bei einer Supervisorin eine angenehme Eigenschaft, und jetzt wusste ich sie besonders zu schätzen, während sie meiner verkürzten Zusammenfassung der Ereignisse der letzten drei Tage lauschte. Als ich ihr alles erzählte, wurde mir selbst zum ersten Mal klar, dass es wirklich nur drei Tage gewesen waren. Mist. Kein Wunder, dass die Leute mich schräg anschauten. Ich verhielt mich wie eine Disney-Prinzessin. Na ja, wir hatten uns ja nicht ewige Liebe geschworen, und es hatte niemand um die Hand des anderen angehalten. Brandon und ich waren beide realistisch, was unsere Beziehung betraf.

»Also, um es noch mal kurz auf den Punkt zu bringen: Ihr seid noch nicht verankert. Ihr zieht diese Möglichkeit aber beide in Betracht, und ihr wollt zusammenarbeiten und es mit einer Beziehung versuchen.«

»Genau.«

»Und weil er noch bei seinem Bruder und Jonathan Bane hospitiert, willst du dich nach Nashville versetzen lassen und helfen, ihn auszubilden, und dann soll er offiziell dein Partner werden, nachdem er seine Urkunde erhalten hat.«

»Das ist richtig.«

»Ah. Ich wollte, diese blöden Formulare hätten Platz für Erklärungen – das würde mir einige Mini-Magengeschwüre ersparen. In Ordnung, Mack, ich bin einverstanden. Ich denke trotzdem, dass ihr es ein bisschen eilig habt mit allem, aber ich kann auch verstehen, warum und was ihr vorhabt. Und wenn du das Gefühl hast, dass dieser Mann ein guter Anker für dich wäre, werde ich es dir sicher nicht ausreden. Ehrlich gesagt bist du von allen Geistersehern, die ich betreue, mein größtes Sorgenkind. Dein situatives Bewusstsein ist unter aller Kanone.«

Man musste Sylvia einfach lieben. Sie hatte kein Problem damit, alles offen auszusprechen. »Du kannst mir glauben, ich weiß das. Ich lebe ja jeden Tag mit mir.«

Sie schnaubte einmal und lachte dann leise. Es hörte sich an wie eine große Raubkatze, die ihre Belustigung zum Ausdruck bringt. Aber das konnte auch meine Projektion sein. Sylvia war eine der gefährlichsten Frauen, die mir je begegnet waren. »Ich kann es kaum erwarten, diesen Kerl kennenzulernen. Bevor du zu Beau und Hannah gekommen bist, hast du Stein und Bein geschworen, dass ein Anker für dich ein Hirngespinst wäre. Und nach drei Tagen mit Brandon Havili bist du so anhänglich wie ein Koala. Der muss ja was ganz Besonderes sein.«

»Oh, das ist er.«

»Also gut, ich bewillige den Antrag. Halte mich bitte auf dem Laufenden. Brauchst du vorübergehend Wohngeld?«

»Ich glaube nicht. Ich kann bei Brandon wohnen.«

»Ach ja? Jetzt bin ich wirklich neugierig. Wie sieht dieser Typ eigentlich aus?« Ich hörte die Tastatur klappern, während sie sein Profil aufrief, dann pfiff Sylvia leise. »Oh, wow. Yummy!«

»Verstehst du jetzt, warum ich anhänglich bin?«

»Oh, das tu ich. Er hat nicht zufällig noch einen anderen Bruder?«

»Leider nur eine Schwester. Tut mir leid!«

»Ist ja mal wieder typisch.« Sie seufzte gespielt kummervoll. »Okay, Mack, dann ist alles klar. Sag Bescheid, wenn du in Nashville angekommen bist. Könnte sein, dass wir da etwas für dich zu tun haben. Keine großen Sachen, versprochen. Ich weiß ja, dass Havili noch in der Ausbildung steckt.«

»Na klar, kriegen wir hin. Er hat mich auch hier schon unterstützt, und er macht seine Sache so gut, als hätte er nie etwas anderes getan. Ich denke, er wird sich darauf stürzen, ins Feld zu dürfen.«

»Gut. Ich hör mich um und versuche, etwas Gutes für euch zu finden. Und Mack?«

»Ja?«

»Viel Glück.«

»*Merci*, Sylvia.« Ich beendete das Gespräch und starrte das Display an. Es war so ein komisches Gefühl, zu erkennen, dass mein Leben sich wirklich innerhalb von drei Tagen komplett verändert hatte. Ich empfand so eine Art emotionalen Schwindel – es fühlte sich aber nicht schlimm an. Die Zukunft schien plötzlich so viel mehr zu bieten, als ich je gedacht hätte. Mehr Sicherheit, zum einen. Und mehr Spaß. Und mehr Hoffnung.

»Bist du bereit, Mack?«

Ich sah zu dem Mann auf, der am Fuß der Treppe so geduldig auf mich wartete. Ich war noch nicht so weit, ewige Liebe zu schwören oder mich mit ihm zu verankern oder etwas in der Art. Aber ich konnte die Möglichkeit einer solchen Zukunft erahnen, und ich wollte es, mehr als den nächsten Atemzug. Ich würde alles dafür tun, dass es so kam.

Mit diesem Entschluss stand ich auf und trat zu ihm. »Ja, bin so weit. Das war meine Supervisorin. Sie hat die Versetzung genehmigt. Wir gehen nach Nashville.«

»Das ist ja toll.« Ein strahlendes Lächeln breitete sich auf seinem Gesicht aus.

»Und sie hat gesagt, es könnte sein, dass wir dort ein paar kleinere Jobs bekommen, damit du ein bisschen Erfahrungen sammeln kannst.«

Sein Lächeln wurde noch breiter. »Echt? Was für Fälle könnten das denn sein?«

»Na ja, wenn es solche Sachen sind, wie ich sie am Anfang bekommen habe, wird es ähnlich wie das, was wir hier im Hotel zu erledigen hatten.« Ich erzählte ein bisschen mehr darüber, während wir Hand in Hand die Treppen hochliefen. So würde es also in Zukunft sein. Über die Arbeit sprechen, Händchen halten, gemeinsam irgendwo hingehen. Bei der Vorstellung musste ich breit grinsen – ein kleines Sicherheitsventil für das überschäumende Glück, das ich empfand.

Ich war voller Vorfreude.

GLOSSAR

TONGAISCHE SÄTZE UND AUSDRÜCKE

'Alu ā ē – Auf Wiedersehen (zu der Person, die geht)

'Io – Ja

'Io, mālō e tau mo eni – Antwort auf »Danke, dass du gekommen bist«

'Oku ikai te u ilo – Ich weiß nicht

Fakamolemole! – Verzeih mir!

Fanongo lelei – Hör mir mal gut zu

Fanongo pē – Hör doch einfach zu

Fēfē hake? – Wie geht's?

Hū mai – Komm herein

Kamata – Fang an

Kātaki – Entschuldige bitte

Ke – Du

Ko au – Antwort, wenn man gerufen wird

Ko e ha ē? – Was ist das?

Ko ia! – Das ist es!

Ku – Ich

Mahino – Verstehe

Mālō 'aupito – Danke vielmals

Mālō e lava mai – Danke, dass du gekommen bist

Mālō e lelei! – Hallo (informelle Begrüßung)

Mou nofo ā ē – Auf Wiedersehen (zu denen, die noch bleiben)

Mou ō ā ē – Auf Wiedersehen (zu mehreren Personen, die gehen)

144

Na'a ke ha'u? – Bist du gekommen?

Na'a ke kai? – Hast du gegessen?

Nofo ā ē – Auf Wiedersehen (zu der Person, die noch bleibt)

Sai pē! – Schon gut!

Tali mai! – Antworte!

Toe 'ai – Sag das noch mal

Tokotaha faikehe – Du bist irre

KREOLISCHE SÄTZE UND AUSDRÜCKE

Allons – Lasst uns gehen

Ça va – Alles in Ordnung/Mir geht's gut

Cher – Liebling, Schatz, eine liebevolle Anrede

Envie – Lust auf etwas, meist Essen

Lagniappe – »Das bisschen Extra im Leben«. Im Allgemeinen das, was einem aus der Patsche hilft, wenn einem nichts mehr einfällt. Normalerweise ist es etwas Körperliches. In diesem Fall ist es Brandon.

Merci – Danke

Laissez les bons temps rouler – Dann wollen wir uns mal amüsieren

Du möchtest weiterlesen?

Dann begleite Jon und Donovan auf ihrem nächsten
Abenteuer in »Boom Shaka Laka in Vegas«.

Die Bücher von AJ Sherwood und die Merchandise-
Produkte zu ihren Serien erhältst du bei uns im Shop unter:
https://second-chances-verlag.shop/aj-sherwood/

Wenn du keine Veröffentlichung mehr verpassen möchtest,
kannst du dich hier für unseren Newsletter eintragen:
https://second-chances-verlag.de/newsletter-anmeldung

S. E. Harmon
»Spuken für Anfänger«

ISBN: 978-3-96698-705-9

Auch als E-Book erhältlich!

Special Agent Rain Christiansen galt jahrelang als FBI-Vorzeigeagent. Doch dann wird ihm ein Zwischenfall zum Verhängnis: Wegen einer klitzekleinen paranormalen Erscheinung halten ihn plötzlich alle für komplett durchgeknallt. Sein Boss bietet Rain eine letzte Chance, seinen guten Ruf wiederherzustellen: Er schickt ihn nach Brickell Bay. Dort soll er der örtlichen Polizei bei einem Cold Case helfen und bloß kein Wort über Geister verlieren. Rain ist fest entschlossen, genau das zu tun – bis er feststellt, dass der Polizist, den er unterstützen soll, ausgerechnet sein Ex Danny McKenna ist. Und der steckt in seinen Ermittlungen im Fall der verschwundenen Schülerin Amy Greene fest. Alle Spuren führen in eine Sackgasse. Dass Rains alte Liebe für Danny wieder aufflammt und ihm bei der Suche nach Amy immer wieder Geister in die Quere kommen, macht die Sache auch nicht gerade leichter …

Cordelia Kingsbridge
»Kill Game«

ISBN: 978-3-96698-708-0

Auch als E-Book erhältlich!

Das Leben von Mordermittler Levi Abrams ist aus den Fugen geraten – nach einer Schießerei ist er immer noch seelisch angeschlagen, und die Beziehung mit seinem Freund kriselt. Das Letzte, was er jetzt gebrauchen kann, ist ein Serienmörder, der auf den Straßen von Las Vegas sein Unwesen treibt. Und da ist auch noch der Kopfgeldjäger Dominic Russo, der ihm mit seinem Charme auf die Nerven geht und dem er ständig unfreiwillig über den Weg läuft.

Dominic schätzt sein unkompliziertes Leben und das bedeutet: kein Umgang mit Cops – vor allem nicht mit kratzbürstigen, verklemmten Detectives. Dann stolpert er jedoch durch Zufall über das jüngste Opfer der grausamen Pik-Sieben.

Der Mörder ist gnadenlos und den Ermittlern immer zwei Schritte voraus. Schlimmer noch, er hat ein gefährliches persönliches Interesse an den beiden entwickelt. Gezwungen, einander zu vertrauen, versuchen sie, ihn zu stellen. Doch im Gegensatz zu Levi und Dominic hält die Pik-Sieben alle Trumpfkarten in der Hand …